古代歷史文化 研究輯刊

十七編

王明蓀 主編

第 12 冊

南宋宗室與包容政治

梅哲浩 著

國家圖書館出版品預行編目資料

南宋宗室與包容政治／梅哲浩 著 — 初版 — 新北市：花木蘭
文化出版社，2017〔民 106〕
目 2+152 面；19×26 公分
（古代歷史文化研究輯刊 十七編：第 12 冊）
ISBN 978-986-404-952-3（精裝）
1. 中國政治制度 2. 南宋
618   106001386

古代歷史文化研究輯刊
十七編　第十二冊　　　　　　ISBN：978-986-404-952-3

南宋宗室與包容政治

作　　　者　梅哲浩
主　　　編　王明蓀
總 編 輯　杜潔祥
副總編輯　楊嘉樂
編　　　輯　許郁翎、王筑　美術編輯　陳逸婷
出　　　版　花木蘭文化出版社
社　　　長　高小娟
聯絡地址　235 新北市中和區中安街七二號十三樓
　　　　　　電話：02-2923-1455／傳真：02-2923-1452
網　　　址　http://www.huamulan.tw 信箱 hml 810518@gmail.com
印　　　刷　普羅文化出版廣告事業
初　　　版　2017 年 3 月
全書字數　134365 字
定　　　價　十七編 34 冊（精裝）台幣 68,000 元

南宋宗室與包容政治

梅哲浩　著

作者簡介

梅哲浩，1983 年生於臺北市，中國文化大學史學系學士，中國文化大學文學碩士，現就讀中國文化大學史學研究所博士班，主要研究領域領域專長爲南宋政治史、制度史、宗室史、文化史、城市史等。

提　　要

　　宗室是皇帝的親屬，皇室家族的成員，出身高貴的天潢貴冑，隨中國歷史的演變而各有評價。

　　由於他們和皇帝具有血緣關係，歷代君主對宗室的安置方式莫衷一是。西漢以封建和廢黜疏屬的方式對待宗室；南北朝以宗室典兵，委以方鎮之權，直到唐初；唐中葉以後，或以宗室爲外官，或軟禁於大宅內，直至唐末。

　　宋朝軟禁宗室的政策大體承襲武則天和唐玄宗，並加以制度化。宋太祖優待文官，甚至有「誓不殺大臣與言事者」之語，對宗室的教育格外重視，此點爲太宗以後的皇帝繼承；賜名授官的制度，豐厚的俸祿和賞賜，使宗室從出生到死亡均有保障，不必如凡夫俗子般爲生計奔波。菁英式教育和紙醉金迷的生活，培養出宗室亟欲肩負責任的渴望，光是南班官奉朝請的義務已難以滿足他們，神宗熙豐變法讓宗室重新獲得出任外官的權力，該政策持續到南宋滅亡爲止。

　　包容政治是劉子健的概念，施行條件共分爲四點：一爲名實兼顧，二是統治方法，三乃充裕的財力，四是思想上的信念。其中二、四兩點均運用於宗室制度，南宋才徹底推廣到所有官員。

　　本文共分爲七章。「緒論」回顧相關研究概況，敘述研究動機、方法和研究成果。第一章「北宋的宗室地位與包容政治」簡述北宋的宗室制度沿革、包容政治的施行條件。第二章「南宋前期的宗室官員和一般官員」簡述分期的方式、政局發展和宗室官員的貢獻。第三章「南宋中期的宗室官員和一般官員」簡述政局發展、宗室官員對政治戒約的挑戰。第四章「南宋晚期政局和宗室官員」簡述晚宋政治、軍事、經濟困境、包容政治的難以爲繼、宗室官員的風範。第五章「南宋宗室官員的特權與特色」說明宗室在經濟、法律、考試等方面擁有的特權，以及在包容政治運作之下，如何用高於每況愈下的水準維持政府運作。「結論」總結南宋宗室官員在包容政治運作下，如何運用自身的才學，以及與皇權的關係鞏固王朝基石，使南宋成爲中國最大的家族企業。

目次

緒　論

壹、研究動機與目的

　　宗室是君主政治的產物，依靠血緣樞紐獲得權力的團體。顧炎武《日知錄》曰：「今人以皇族稱爲宗室，考之於古，不盡然。凡人之同宗者，即相謂曰宗室。」〔註1〕《漢語大辭典》解釋道：「特指與君主同宗族之人，猶言皇族。」〔註2〕從周代商後，盡封宗室爲諸侯，至秦滅六國建立皇帝制度，西漢七國之亂，漢武帝實行推恩令逐步削弱封建制度的影響，西晉與南朝以宗室爲地方軍政領袖，而導致尾大不掉的亂局。唐太宗發動玄武門之變奪得大位，以宗室鎮守地方或爲朝中官員，〔註3〕宗室逐漸由裂土封侯轉爲皇權的依附者，成爲皇帝制度的一環。

　　綜括言之，唐代之史約可分爲前後兩期，前期結束南北朝相承之舊局面，後半期則爲開啓趙宋以降之新局面，關於政治社會經濟方面如此，文化學術方面亦如此。〔註4〕唐太宗、高宗延續高祖任用宗室鎮守地方的制度，出則將，入則相；〔註5〕唐玄宗爲加強君權，採用武則天軟禁李唐宗室的方式，〔註6〕

〔註1〕　（明）顧炎武、（清）黃汝斌，《日知錄集釋》（上海：上海古籍出版社，1997年初版），卷24，34a，收入《續修四庫全書》，冊1144，頁389。

〔註2〕　《漢語大詞典》（上海：漢語大詞典出版社，1988～1994年），冊3，頁1353～1354。

〔註3〕　（宋）王溥，《唐會要》（臺北：臺灣商務印書館，民國72年初版），卷47，〈封建雜錄下〉，頁831。

〔註4〕　陳寅恪，〈論韓愈〉，《金明館叢稿初編》（北京：三聯書店，2001年1版），頁332。

〔註5〕　陳寅恪，《唐代政治史述論稿》（上海：上海古籍出版社，1997年1版），頁48。

採取嚴密監控的措施，使得宗室地位大幅跌落；〔註7〕唐昭宗讓宗室典禁軍，算是迫於現實，目的是爲了與藩鎮勢力對抗。〔註8〕

北宋前期，宗室是失聲的團體。神宗時，改革宗室制度可說是個契機，但是宗室真正成爲「先天下之憂而憂，後天下之樂而樂」的士大夫集團的一份子，得從南宋開始，而南宋最大的特色便是包容政治。

關於包容政治的特點，劉子健先生撰文〔註9〕以社會學觀點，深入淺出提到忠君、分贓、官官相護（相牽）、逃避輪對，以忠君爲前提上下分贓；缺點是沒有理想、因循苟且、只能退步不能進步。理學則代表不滿現狀，試圖從內部改革的勢力，在南宋學術界蔚爲主流，著名理學家如朱熹、真德秀、魏了翁，和造福鄉里的鄉紳士大夫多有往來，如致仕居鄉、三次賑饑的劉宰；〔註10〕當朝廷以籠絡方式給理學家崇高而無實權的職位，使他們無法表達意見或不受重視時，宗室官員出於職責和對家國的忠誠，相較於一般官員推託責任，在輪對或言官交「功課」時言不及義或逃避責任，他們對時勢直言不諱，和理學關係密切。爲數眾多的宗室文武官員散布在地方，宋蒙交戰四十餘年、財政困窘致使忠君思想淡薄、賈似道推行「公田法」造成士大夫凝聚力潰散後，宗室士大夫爲晚宋政經困局起到最後的穩定作用。

然而，我們不能光看宗室官員獨特性、英雄性的正面形象，而將宗室士大夫理想化。宗室和儒生共同競爭科舉名額，目的是試圖去特殊化，讓離開血緣臍帶保護的宗室獲得參予國政、出外典兵的權力，在一切比照外臣磨勘之法情況下，免不了沾染官場惡習，爲求升遷巴結權貴，〔註11〕乃至依附派

〔註6〕（後晉）劉昫，《舊唐書》（臺北：鼎文書局，民國68年2版），卷107，列傳57，玄宗諸子，〈涼王璿傳〉，頁3271：「先天之後，皇子幼則居內，東封年，以漸成長，乃于安國寺東附苑城同爲大宅，分院居，爲十王宅，令中官押之，於夾城中起居，每日家令進膳。又引詞學工書之人入教，謂之侍讀。」

〔註7〕邱賢文，《唐代宗室諸王若干問題研究》（西安：西北大學，2010年），頁1。

〔註8〕邱賢文，《唐代宗室諸王若干問題研究》（西安：西北大學，2010年），頁1。

〔註9〕劉子健，〈背海立國與半壁山河的長期穩定〉，收入《兩宋史研究彙編》（臺北：聯經出版社，1997年4月初版），頁21～40；又見〈包容政治的特點〉，頁41～78。

〔註10〕劉子健，〈劉宰和賑饑〉，收入《兩宋史研究彙編》，頁307～359。

〔註11〕（元）脫脫等撰，《宋史》，（北京：中華書局，1977年初版），卷247，列傳6，宗室4，〈趙師睪傳〉，頁8749：「韓侂胄用事，師睪附之，遂得尹京。侂胄生日，百官爭貢珍異，師睪最後至，出小合曰：『願獻少果核侑觴。』啓之，乃粟金蒲萄小架，上綴大珠百餘，眾慚沮。侂胄有愛妾十四人，或獻北珠冠四

系，互相對立。〔註12〕

本文指在探討南宋宗室士大夫化後，於包容政治的官場大鎔爐中，如何在身、家、國間取得平衡？以及透過和異姓大臣言行的對照，了解宗室士大夫面對晚宋社經困局的處置方式。

貳、研究方法

關於宋朝宗室的研究，從二十世紀八十年代起，迄今已有三十多年，絕大多數針對制度、教育、學術、藝術方面為研究命題，而鮮少以其政治表現為文，以大陸學者為主，臺灣學界少有論及者。本文在撰寫過程中首要克服的是資料的蒐集和分類，因宋朝宗室史料龐雜；其次是劃定時代範圍，然後選定南宋祖免及以下宗室，以其為研究目標。

在研究方法方面，將運用解釋、分析、綜合和歸納等方法，就所得相關資料進行有系統的研究，並按照所得相關資料重新建構宗室官員的地位和貢獻。

此外為清楚表現宗室官員在官僚組織中的地位，並使任職一目了然，本文將運用表格來分析宗室官員對政治、軍事、文化、經濟的影響，和包容政治間的關係。

參、研究回顧

北宋宗室自宋太宗殘酷對待弟弟魏王廷美和姪兒德昭後，直至宋仁宗時，這段期間採取「文學與拘禁」的策略，不讓他們結交外臣、參與政治，住所集中管理，形同軟禁，故他們為失聲的一群，《宋史》保存北宋初年的宗室事蹟多為負面，「厥灑太尉」〔註13〕的稱呼，見於當代人筆記中，絕大多數的社交活動均以本紀中的一段文字簡略帶過。直到南宋，學者的目光仍聚焦在極少數入仕為官的宗室明星，如曾為宰相的趙汝愚，他不顧身家安危定策擁立寧宗，和平的讓光宗遜位，最後因宗室身分遭政敵陷害，死於貶謫途中；趙孟頫於南宋亡國後入仕元朝，成為忽必烈的寵臣，或批判他以趙宋宗室卻投降蒙古的失節行為，或從文化、藝術傳承的角度探討其人，鮮少提及他在

枚於侂胄，侂胄以遺四妾，其十人亦欲之，侂胄未有以應也。師嵒聞之，亟出錢十萬緡市北珠，製十冠以獻。妾為求遷官，得轉工部侍郎。」

〔註12〕 如紹熙內禪後的趙汝愚和趙彥逾，以及依附韓侂胄的趙師嵒。

〔註13〕 （宋）張邦基，《墨莊漫錄》（北京：中華書局 2002 年 8 月 1 版），卷 1，〈厥撒太尉〉，頁 49：「世傳宗室中，昔有昏謬，俗呼為厥撒太尉。」；《日知錄集釋》卷 9，〈宗室〉，31b，頁 113：「宋時，凡宗室之不肖者，俗呼為潑撒太尉。」

元世祖朝中參加重大財經政策的討論。〔註14〕

對宋代宗室與政治間的關係，較系統化研究者爲張邦煒所撰《宋代皇親與政治》，〔註15〕內容闡述宋朝宗室、外戚藉由血緣、婚姻關係影響朝政，左右皇帝決策。苗書梅在〈宋代宗室、外戚與宦官任用制度〉〔註16〕一文中針對宗室任官條件與制度沿革有較詳細的描述。

此外，關於宋代政治文化，余英時的《朱熹的歷史世界——宋代士大夫政治文化的研究》〔註17〕和《宋明理學與政治文化》〔註18〕是針對宋朝士大夫文化較深入的專書，多有解釋南宋官員言行舉止的準則規範限度所在。

有關宋朝宗室任官的單篇論文，有汪聖鐸〈宋朝宗室制度考略〉〔註19〕將宗室制度分爲宗室日常管理、宗室入仕、宗室祿賜三方面進行論述，以單篇論文的規模而言實爲詳盡，並將宗室和一般官員薪資待遇作成對照表格。倪士毅有二文，〈趙宋宗室中之士大夫〉〔註20〕全文分成管理機關與宗室人數、教育機關與仕進、經濟與政治三部分論述，〈宋代宗室士大夫在學術和文藝上的成就〉則反映無望仕進的宗室生活形態。〔註21〕

研究南宋政治文化的單篇論文中論及宗室的有：謝康倫（Conrad M. Schirokauer）〈朱熹的政治生涯：一項內心衝突〉〔註22〕藉由朱熹的一生側寫南宋高宗至寧宗時的政治情況，以及身爲一個有崇高理想的知識份子面對自己不願意投身的惡劣政治環境半推半就和屢上辭呈，並以私人理由來拒絕任

〔註14〕（明）宋濂，《元史》（北京：中華書局1976年初版），卷14，本紀14，〈世祖十一〉，頁296。卷172，〈趙孟頫傳〉，頁4018～4019和4022：「前史官楊載稱孟頫之才頗爲書畫所掩，知其書畫者，不知其文章，知其文章者，不知其經濟之學。人以爲知言云」。

〔註15〕張邦煒，《宋代皇親與政治》（成都：四川人民出版社，1993年初版）。

〔註16〕苗書梅，〈宋代宗室、外戚與宦官任用制度〉，收入《史學月刊》，1995年第5期，開封：河南大學出版社，頁32～38。

〔註17〕余英時，《朱熹的歷史世界——宋代士大夫政治文化的研究》（臺北：允晨文化，2003年1版）。

〔註18〕余英時，《宋明理學與政治文化》（臺北：允晨文化，2004年1版）。

〔註19〕汪聖鐸，〈宋朝宗室制度考略〉，《文史》33輯（北京：中華書局，1990年初版），頁171～198。

〔註20〕倪士毅，〈趙宋宗室中之士大夫〉，《西溪集》（杭州：杭州藝文報刊，2008年3月初版），頁27～68。

〔註21〕倪士毅，〈宋代宗室士大夫在學術和文藝上的成就〉，《西溪集》，頁69～113。

〔註22〕謝康倫（Conrad M. Schirokauer），〈朱熹的政治生涯：一項內心衝突〉，《中國歷史人物論集》（臺北：正中書局，民國62年初版），頁219～256。

命，表現出南宋士大夫獨特的政治文化風格；收錄在同書，由德國學者傅海波（Herbrt Franke）所撰〈賈似道：一個邪惡的亡國丞相？〉〔註23〕藉由賈似道的一生再次解析南宋的政治文化，以及晚宋士大夫生活的奢華浮誇、普遍性的利己主義。劉子健於〈包容政治的特點〉〔註24〕以淺顯易懂的文字一針見血描述南宋政治文化，上從皇帝下至胥吏都在推諉、分贓和正直的士大夫難以於官場久任的情況。

　　除以上對宋朝政治文化和宗室制度研究，仍有數篇論著是針對宗室的各式面向進行研究。今擇其要並依發表先後順序略作介紹。

（一）賈志揚（John W. Chaffee）

　　賈志揚的專書《天潢貴胄：宋代宗室史》（*Branches of Heaven: A History of the Imperial Clan of Sung China*）〔註25〕於1999年發表英文版，2005年由趙冬梅翻譯中文版付梓，並於2010年再版，可見該著作在宋史學界的重要性，而本書是迄今最為完整的宗室研究專書，利用大量墓誌銘、當代人筆記和考古成果，重新塑造宋朝宗室形象。

　　該書承諸戶立雄〈宋代の対宗室策について〉〔註26〕和汪聖鐸〈宋朝宗室制度考略〉，〔註27〕開啓後續學者對制度及個別宗室行為的研究，開篇以兩個故事描述南北宋宗室待遇的差別，並加以闡述背後的意義。

　　宋仁宗被慷慨激昂請求從軍征討西夏趙元昊的七名青年宗室深深感動，但是他沒有如其所請，只是厚加賞賜，彼此都明白理由何在，畢竟「燭影斧聲」是宋朝皇室中的忌諱，「金匱之盟」意味著所有宗室都是皇位的競爭者。

　　事隔兩百年，嘉熙二年（1238）宗室趙以夫臨危受命擔任沿海制置使知慶元府，他面臨的局面是一支因久拖軍餉而即將譁變的軍隊，前任制置使趙善湘的懷柔卻使得軍隊變得驕縱、失去紀律，使得這位擒殺山東軍閥李全的宗室官員倉皇逃入山中藏匿。趙以夫上任後發放優質糧食作為軍糧，試圖穩

〔註23〕傅海波（Herbrt Franke），〈賈似道：一個邪惡的亡國丞相？〉，《中國歷史人物論集》，頁298～324。

〔註24〕劉子健，〈包容政治的特點〉，《兩宋史研究彙編》，頁41～77。

〔註25〕賈志揚（John W. Chaffee）著，趙冬梅譯，《天潢貴胄：宋代宗室史》（南京：江蘇人民出版社，2005年1版）。

〔註26〕諸戶立雄，〈宋代の対宗室策について〉，收入《文學》1958年22期第5號，頁636。

〔註27〕汪聖鐸，〈宋朝宗室制度考略〉，《文史》第33輯，1990年，頁171～199。

定局勢，可是兵馬都監、宗室趙潛夫粗暴的處理方式，斬殺抗命軍人，使其餘部隊密謀兵變。事已至此，趙以夫逮捕數名參與謀變的軍官，交予鄞縣縣令趙時詀拷問，從而得知所有謀變者的姓名和叛亂的時間，因此得以從容弭平。在本段敘述中出現四名宗室，他們掌握著實權，而本敘述的作者、替趙以夫撰寫墓誌銘的劉克莊卻無意強調這一點。

原因很簡單，到十三世紀，不僅宗室獲准擔任實職，且數以千計的宗室正在任職。兩文對照，宗室天差地遠的際遇，肇因於宋神宗的宗室制度改革。

除宗室的出任外官，賈志揚還提及南宋宗室的在地化，藉由與地方豪族聯姻，和對地方文化、教育、慈善事業的參與，形成縝密人際網絡。

海外貿易部分，藉泉州沉船考古，得知宗室參與遠洋貿易，介入很深，船上搭載大量標示親王、國公份額的封印，意謂著宗室不僅是出資者，而是直接參與交易。

最末，他提到宋朝滅亡後的趙氏宗族，即便散居各處、隱姓埋名，依舊保有詳盡的宗譜，部分家族尚且維持和特定土豪的聯姻，這份傳承直至現代。

本書引用資料詳盡，成為當今研究宋朝宗室者必讀之書，如何兆泉的博士論文，後改寫成專書的《兩宋宗室研究——以制度考察為中心》、〔註28〕張昀碩士論文《宋代宗室任官制度研究》、〔註29〕李永任碩士論文《宋代趙汝愚之研究》〔註30〕等均得參考此書。

張昀的《宋代宗室任官制度研究》大部分的注意力都集中在制度和為官經歷以說明宗室身分地位的轉變，從養在金明池內的鯉魚野放至科舉的湍急大河，成為與天子共天下的士大夫集團一員，但缺乏對其參與政治的描述。

（二）楊文新

楊文新的〈試述南宋泉州宗室的入仕為官〉〔註31〕發表於 2001 年，是縮小時間、地點並針對宗室入仕的單篇論文，對南宋宗室的入仕管道、對政治、

〔註28〕何兆泉，《兩宋宗室研究——以制度考察為中心》（上海：上海古籍出版社，2016 年 3 月 1 版）。

〔註29〕張昀，《宋代宗室任官制度研究》，武漢：華中科技大學歷史研究所，碩士論文，2008 年 6 月初版。

〔註30〕李永任，《宋代趙汝愚之研究》，嘉義：嘉義大學史地學系研究所，碩士論文，民國 101 年初版。

〔註31〕楊文新，〈試述南宋泉州宗室的入仕為官〉，收入《福建教育學報》2001 年第 1 期，頁 63～65。

軍事、外交、文化和地方經濟的影響有較為簡略的描述，大抵以列舉諸多宗室事蹟為主體。

（三）李國強

李國強的〈論北宋熙寧年間的宗室改革〉〔註32〕發表於 2010 年，是針對宗室重獲實權擠身士大夫行列起點的研究，該論文的價值在解決宗室解放出自何人的問題，藉由當代史料和後人研究成果得知宗室政治解禁，乃是宋神宗乾綱獨斷的結果。

肆、研究基本架構

本研究架構除緒論和結論外，內文共分為五章，各章之下再細分為數節和小點，以此來滿足述論的需要。緒論和結論則不再分節敘述。

章節內容以分期方式劃分，筆者將南宋分為三期，從高宗到孝宗登基為前期，孝宗至寧宗為中期，理宗後為晚期。

第一章〈北宋宗室地位與包容政治〉，首先說明北宋宗室的際遇和背景原因，再談到宋神宗為什麼要對既有的宗室制度進行改革，最後簡略介紹劉子健〈包容政治的特點〉。

第二章〈南宋前期政局與宗室官員〉，主要說明靖康之難、高宗繼統至孝宗即位，宗室官員對王朝穩定的貢獻，以及包容政治運用的方式和手段，宗室官員在其間又扮演什麼角色。

第三章〈南宋中期政局與宗室官員〉，從政局發展起始，討論君臣間如何運用、展現包容政治，歷經五場政治、軍事、外交、思想上的震盪：隆興和議、紹熙內禪、慶元黨禁、開禧北伐、嘉定和議。其次，介紹宗室官員的表現，以宋朝唯一的宗室宰相趙汝愚為主，其他宗室官員為輔。

第四章〈南宋晚期政局與宗室官員〉，第一節主題為鄭清之任事、端平入洛、史嵩之和賈似道，第二節則是宗室官員的表現。

第五章〈南宋宗室的特權與官員特色〉分為兩節，第一節講述宗室的特權，第二節則是宗室官員的特色。

〔註32〕李國強，〈論北宋熙寧年間的宗室改革〉，收入《江西社會科學》2010 年第 10 期，頁 144～147。

伍、預期研究成果

　　如果將南宋形容成參天大樹，皇帝是樹幹，宰執們是紅花，上層官僚是樹葉，而文明成就代表果實，支撐整株大樹並從代表土壤的人民處吸收養分的是眾多下層官僚，其中腐壞的、枯萎的、長蟲等老化的現象，說明南宋晚期社經困局導致對基層控制鞭長莫及，在一般官員產生動搖、進而逃避責任的情況下，仍能維持根部不至全盤壞死、堅守崗位的，乃是任職地方的宗室群。

　　本文期待以一至四章，從南宋立國到壞滅爲止，發生的重大歷史事件中非宗室官員和宗室官員的應對事蹟比較，來說明包容政治的施展效果，以及副作用顯現產生的衰敗和抗體現象。

　　第五章則以前面蒐集的事蹟，配合宗室制度與包容政治，說明糖果與棍棒如何作用於宗室身上，以及成爲官員、掌握實權後，這些宗室官員所具有的特色。最後，得出「包容政治造就南宋最大的家族事業」之結論。

陸、資料來源

　　本文在資料蒐集方面以史籍與宋人筆記、文集爲主，方志與考古資料爲輔，大致分爲：

（1）古典文獻：《宋史》、《文獻通考》、《續資治通鑑長編》、《建炎以來繫年要錄》、《建炎以來朝野雜記》、《宋會要輯稿》、《宋史全文續資治通鑑》等。

（2）宋人筆記文集：如周必大《周益公文集》、朱熹《晦庵先生文集》、周密《齊東野語》、羅大經《鶴林玉露》等。

（3）方志資料：《乾道臨安志》、《咸淳臨安志》、《淳熙三山志》、《寶慶四明志》、《延祐四明志》、《萬曆泉州府志》、《八閩通志》、《乾隆晉江縣志》。

（4）考古資料：《福州南宋黃昇墓》、2012 年 3 月剛完成的史嵩之墓葬考古、2016 年 5 月浙江台州市出土的趙伯澐墓葬。

（5）近人論著。

第一章　北宋的宗室地位與包容政治

　　北宋結束五代紛擾，重新將中國置於統一政權下，宋朝的締造者趙匡胤，在宗室認定的制度上，一改漢朝將五服外親屬貶為庶民的作法，徹底承認無論和皇帝多疏遠都屬於天潢貴冑，並親自擬定排行字以作區別。

　　太宗稍事修改兄長作風，只給宗室有名無實的官銜，並於薪俸上給予更為優厚的待遇，政治參與乃至於行動處處受到限制，只允許宗室在朝會擔任禮儀性質的擺設，或者皇家宴會中撰寫應制詩，乃至於有「文學與拘禁」的說法，此種局面持續到神宗即位前。〔註1〕

　　宋神宗是北宋英明有為的皇帝，任用王安石變法，試圖提振積弱的國勢，儘管日後適得其反造成北宋陷入新舊黨爭的危機，但在宗室改革的議題上他卻是乾綱獨斷並受到新舊兩黨一致支持，改革的內容即是釋放「拘禁」的宗室，讓他們得以出任外官，此一政策延續至北宋末且不斷健全。

　　靖康之難對整個宋朝與趙姓宗室而言無亦是晴天霹靂的打擊，新興的女真人將徽欽二帝和汴京的所有宗室全部帶往北方，在囚禁中死去；康王趙構在南方建立朝廷，是為高宗，由女真人建立的金朝緊追不捨，甚至渡過長江，迫使趙構一度亡命海上。在這段期間北方持續進行抵抗金朝的戰事，除所謂義軍，其次便為宗室出身的官員，而且他們更具號召力，而這也成為對高宗皇位的威脅。

　　最後是包容政治的介紹，包容政治必須具備四項條件才能運用，第一要名實兼顧，第二是統治方法，第三是充裕的財力，第四是思想上的信念。劉

〔註1〕《宋代宗室史》，頁35～63。

子健利用社會學的觀點來說明南宋政治風氣，恰好宗室官員最活躍的時代也在南宋，故不可避免必須接觸到包容政治的影響。

第一節　宗室的資格判定

趙匡胤結束五代建立宋朝之初，局勢與前面五個朝代並無不同之處。對外，南方最大的對手，後蜀孟昶據有四川全境，惟陝道不在境內，北有太原的北漢與支持北漢的契丹；對內，替他黃袍加身的結拜兄弟高懷德、石守信、王審錡等人手握重兵。而趙匡胤在成為皇帝前，官拜殿前都點檢、宋州歸德軍節度使，以及後周的死忠者，位於揚州的李重進和潞州的李筠。直至太宗太平興國四年（979）五月攻克太原，滅北漢，統一才告完成。

趙家並非顯赫世族，確實可考的系譜只能上溯四代至晚唐趙朓（828～874），在涿州境內當過三任縣令，爾後其家族便以涿州為定居地。〔註2〕趙朓的次子趙珽、孫子趙敬都當過河北地方官，後者甚至當過三任州刺史，其中包括涿州，曾孫趙弘殷投筆從戎，於後唐莊宗同光元年（923）中武進士，受陳州節度使王鎔的指揮，率領騎兵支援李存勗，受到莊宗賞識而後留在禁軍。〔註3〕

儘管家族有仕宦的傳統，涿州趙氏的社會地位仍舊卑微，直到節度使杜讓將第四個女兒嫁給他，〔註4〕他的前途才逐漸看好。杜讓的女兒，便是日後的杜太后，宋太祖、太宗五兄弟的母親。到了趙匡胤、匡義、匡美兄弟這代，趙家已成為後周殿前司，即禁軍中最為精銳的部隊的核心人物之一。

陳橋兵變，太祖踐祚，皇室待遇變成一個重要議題。太祖並非長子，儘管他父親趙弘殷所生的五個兒子活到成年的只剩三個；曾祖父趙朓有四個兒子，叔祖趙珽有二子，祖父趙敬有三子，〔註5〕五服之內的宗親繁多，而太祖又非一家之長。後周世宗顯德三年（956）他父親去世後，杜太后成為一家之

〔註2〕　（宋）王稱，《東都事略》（臺北：中央圖書館，民國80年2月出版）第一冊，卷1，頁69。

〔註3〕　竺沙雅章，《獨裁君主の登場──宋の太祖と太宗》（東京：清水書院，1984年11月初版），頁39～53。

〔註4〕　（清）丁傳靖，《宋人軼事彙編》（臺北：臺灣商務印書館，民國71年1版），卷1，頁1。

〔註5〕　趙錫年，《趙氏族譜》（香港：趙揚名閣石印局，民國26年初版），卷1，8b。

主，意味著兄終弟及的繼承方式是可以被接受的選擇。〔註6〕儘管其間疑點重重，但在《宋史・杜太后傳》內有太祖與太后間的對話，並命趙普記錄下來的記載：

> 建隆二年，太后不豫，太祖侍藥餌不離左右。疾亟，召趙普入受遺命。太后因問太祖曰：「汝知所以得天下乎？」太祖嗚噎不能對。太后固問之，太祖曰：「臣所以得天下者，皆祖考及太后之積慶也。」太后曰：「不然，正由周世宗使幼兒主天下耳。使周氏有長君，天下豈爲汝有乎？汝百歲後當傳位於汝弟。四海至廣，萬幾至眾，能立長君，社稷之福也。」太祖頓首泣曰：「敢不如教。」太后顧謂趙普曰：「爾同記吾言，不可違也。」命普於榻前爲約誓書，普於紙尾書「臣普書」。藏之金匱，命謹密宮人掌之。〔註7〕

另外，《續資治通鑑長編》太祖建隆二年（961）〔註8〕及太宗太平興國六年（981）九月〔註9〕記事皆有杜太后顧命之說，《涑水紀聞》亦有記載其事：

> 昭憲太后聰明有智度，嘗與太祖參決大政，及疾篤，太祖侍藥餌，不離左右。太后曰：「汝自知所以得天下乎？」太祖曰：「此皆祖考與太后之餘慶也。」太后笑曰：「不然，正由柴氏使幼兒主天下耳。」因敕戒太祖曰：「汝萬歲後，當以次傳之二弟，則並汝之子亦獲安耳。」太祖頓首泣曰：「敢不如母教！」太后因召趙普於榻前，爲約誓書，普於紙尾自署名云：「臣普書。」藏之金匱，命謹密宮人掌之。〔註10〕

據載金匱中，還有太祖口述的〈太祖皇帝玉牒大訓〉，以及趙普所作〈御制玉牒派序〉，提供三組排行字，每支一組，每組十四字，按行輩順序使用：

> 太祖派：德惟從世令子伯師希與孟由宜學。
>
> 太宗派：元允宗仲士不善汝崇必良友季同。
>
> 魏王派：德承克叔之公彥夫時若嗣古光登。〔註11〕

這兩個文件合併起來，界定了未來宗室的成分，即太祖和他兩個弟弟的後嗣，

〔註6〕　《趙氏族譜》卷1，〈太祖皇帝玉牒大訓〉，11b。

〔註7〕　《宋史》卷242，列傳1，〈太祖母昭憲杜太后傳〉，頁8607。

〔註8〕　（宋）李燾，《續資治通鑑長編》，以下簡稱《長編》，（北京：中華書局，1995年4月1版），卷2，太祖建隆二年六月甲午條，頁46。

〔註9〕　《長編》卷22，太宗太平興國六年九月丙午條，頁500。

〔註10〕　（宋）司馬光，《涑水紀聞》（臺北：臺灣商務印書館，民國55年，臺1版），卷1，頁6。

〔註11〕　《趙氏族譜》卷1，11b。

三兄弟的所有後裔都屬於宗室成員，也可以看作皇位繼承順序的依據。易言之，即便子孫輩分超出五服，宋朝仍承認其血緣關係，和皇位繼承權。

　　然而，該遺囑、玉牒行輩是否眞爲太祖制訂，其間疑點重重，光是〈太祖實錄〉便重修三次，其中牽涉到太宗繼統問題，〔註12〕太宗承襲太祖作風，不分子姪，一律稱「皇子」，直至姪兒德昭、德芳，弟弟廷美去世，始分皇子、皇姪。到宋仁宗時，才決定三祖以下第四世的字輩，熙豐變法不再替非祖免親賜名授官，疏屬自由取名，造成混亂，因此命大宗正司，要求各房按照宗正寺的統一訓名取名，北宋宗室聯名制度才基本確定；徽宗政和三年（1113）決定「之」字子從「公」，「子」字子從「伯」，「不」字子從「善」；紹興七年（1137）決定太祖下「與」字輩、太宗下「必」字輩、廷美下「時」字輩；孝宗淳熙元年（1174）宗正寺又擬定三祖下十世、十一世孫的字輩；理宗寶祐三年（1255）擬定三祖下第十三世孫字輩。且宗室生子需及時申請訓名，官方勘驗核實後才能獲取立名公據；《慶元條法事類》中有特別替宗室丟失立名憑據的處置方式，亦有對趙姓非宗室的命名做出限制，以避免頂替、冒名等行爲。總之，根據上述研究，可以判明，宋朝宗室的聯名行輩制並非完成於太祖之手，而是歷經兩宋，累朝而成。〔註13〕

　　不過，宗室具有皇位繼承權一事，與太宗「兄終弟及」的懸案有關，太宗對此最爲敏感。太宗繼位後不久，以廷美爲開封府尹，太祖次子德昭爲京兆尹，移鎭永興軍。太平興國元年（976），德昭隨太宗征幽州，高梁河之役兵敗，太宗倉皇逃跑，一時不知所蹤，軍中即有人謀立德昭，及太宗歸，不悅。後德昭以不賞爲言，更使太宗勃然大怒，德昭懼而自殺。〔註14〕柴禹錫、楊守一於太平興國七年（982）三月控告趙廷美謀反，致使廷美貶爲西京留守。〔註15〕接著，從杯酒釋兵權到金匱之盟，兩起事件中扮演重要角色的趙普，挾與盧多遜的舊怨，〔註16〕控告盧與廷美私下交通，太師王溥等七十四人告

〔註12〕 蔣復璁，〈宋太祖實錄修纂考〉（臺北：正中書局，民國64年2月臺4版），收錄於《宋史新探》，頁61～72。

〔註13〕 《兩宋宗室制度研究——以制度考察爲中心》，頁78～88。法條參見（宋）謝深甫，《慶元條法事類》（臺北：新文豐出版公司，民國65年4月初版），卷17，〈文書門二‧毀失〉，頁246。

〔註14〕 《宋史》卷244，列傳3，〈燕王德昭傳〉，頁8676。

〔註15〕 《宋史》卷244，列傳3，〈魏王廷美傳〉，頁8666。

〔註16〕 《宋史》卷256，列傳15，〈趙普傳〉，頁8933：「盧多遜爲翰林學士，因召對屢攻其短；太平興國初入朝，改太子少保，遷太子太保。頗爲盧多遜所毀，

廷美結交宰相盧多遜，意圖大逆不道，結果盧多遜奪官流放，廷美降爲涪陵縣公，憂懼而死。〔註 17〕

　　兄終弟及的戲碼，就在太宗逼死姪子和弟弟後結束，開啓北宋前期至英宗駕崩爲止，對宗室的防範措施。

第二節　宗室的角色轉變

　　武功郡王德昭自殺、魏王廷美謀反事件顯示宗室積極參與政治後對皇位產生的威脅，太宗統治晚期改變此一制度，首先提升宰相朝班位列於親王之前，其次是給予宗室優渥待遇和崇高的貴族頭銜，但不給實權，此期最後一個掌握實權的宗室是太宗的第五個兒子趙元偓，以親王與使相的身分辦理祭祀儀式中接待皇帝（眞宗）的工作：

> （至道）三年，文武官詣闕請祠后土，元偓以領節帥亦奏章以請，
> 詔許之。將行，命爲河、華管內橋道頓遞使。明年，車駕入境，元
> 偓奏方物、酒餚、金帛、茗藥爲貢，儀物甚盛。至河中，與判府陳
> 堯叟分導乘輿度蒲津橋。〔註 18〕

儘管只是簡單的任務，趙元偓仍向眞宗請命，盡力做到「儀物甚盛」的層級。

　　眞宗是北宋第一個生於深宮之中，長於宗室間的皇帝。在位期間和宗室保持親密互動，甚至親自教導，對有才華的親戚予以豐厚賞賜。〔註 19〕天禧元年（1017）接受宗正卿趙安仁的建議，將宗室起家官制度化；在此之前，宗室的起家官授予乃視情況而定。〔註 20〕此時的宗室人口組成爲 59 名第二代宗子和 226 名第三代宗子。

　　仁宗承續其父對宗室的親親友愛，但與親戚間的互動轉變爲形式性的宴會和競賽，取代了眞宗時的室外活動，在宴會上吟詩、揮毫、考試的目的並

　　　　奉朝請數年，鬱鬱不得志。」
〔註 17〕《宋史》卷 244，列傳 3，〈魏王廷美傳〉，頁 8667～8668。
〔註 18〕《宋史》卷 245，列傳 4，〈鎭王元偓傳〉，頁 8702。
〔註 19〕（宋）歐陽修，《歐陽文忠公文集》（臺北：臺灣商務印書館，民國 64 年 3 版），
　　　　卷 37，〈皇從姪衛州防御使遂國公墓誌銘〉，收入《四部叢刊初編》，冊 49，
　　　　頁 282。又見（宋）宋祁《景文集》（臺北：新文豐出版公司，民國 74 年初版），
　　　　卷 58，〈皇從姪全州觀察使追封新興侯墓誌銘〉，收入《叢書集成新編》，冊
　　　　60，頁 457。
〔註 20〕《宋史》卷 245，列傳 4，〈楚王元偁〉，頁 8704。

非作官，但此類競賽顯然是將宗室導入科舉文化的重要步驟，〔註21〕而科舉士大夫即將取代唐朝門閥形成新的社會菁英階層。

他和宗室間的互動轉變很大的原因是人口增長造成的，到統治後期，1078名第四代宗子都已經長大成人，至他駕崩時，人口已超過四千人〔註22〕，這還是扣掉夭折後的數字。〔註23〕

兩宋宗室賜名授官，所授予的皆是武職，原為唐朝管理內、外府的十六衛府兵，「將軍總三十員，屬官總一百二十八員，署宇分部，夾峙禁省」，〔註24〕宋朝稱之為「環衛官」，除宗室外，亦為武臣之贈典，皆為散官虛銜，無所職領。〔註25〕為什麼要授予環衛官之職而非其他？或許與「宗子維城」思想有關。「宗子維城」一詞出自《詩經・大雅》，意謂天子與宗室同舟共濟，不使國勢陵夷，〔註26〕封建之意在此。繼而中央集權取封建制度而代之，歷朝對宗室政策莫衷如一，宋承唐制，亦有轉折，鄧小南氏提倡的「活」的制度史，〔註27〕「祖宗之法」的層層建構和選擇。〔註28〕

如從「祖宗之法」談起，就不得不先提及宋太祖此人，未登基前，共事後周的同僚尚多存活，對太祖、太宗兄弟的事蹟，通過筆記流傳至今，〔註29〕而太祖實錄經過三次修纂，至真宗時才有定案，〔註30〕這牽涉到太祖形象，以及太宗的繼統依據，必須謹慎，藉由修纂實錄，排除對太宗的不利言詞，達成思想上的一致性。然而這種思想控制並不成功，士大夫對太祖的形象便

〔註21〕《宋代宗室史》，頁38。

〔註22〕（宋）江少虞，《宋朝事實類苑》（上海古籍出版社，1981年1版），頁422。

〔註23〕（宋）范鎮，《東齋記事》（北京：中華書局，1980年9月1版）卷1，頁11。

〔註24〕（唐）杜牧，《樊川文集》（上海：上海古籍出版社，1978年9月1版），卷5，〈原十六衛〉，頁89。

〔註25〕《宋史》卷166，志119，〈環衛官〉，頁3932。

〔註26〕《毛詩正義》（北京：北京大學出版社，2000年12月1版）卷17，〈大雅〉，收入《十三經注疏》，冊3，頁1352。

〔註27〕鄧小南，《朗潤學史叢稿》（北京：中華書局，2010年6月1版），頁497～505。

〔註28〕鄧小南，《祖宗之法：北宋前期政治述略》（北京：三聯書店，2006年9月1版），頁532～535。

〔註29〕如太祖脾氣暴躁，曾一怒之下用斧柄敲落頂撞他的大臣牙齒，見（宋）司馬光，《涑水記聞》卷1，〈太祖彈雀〉，頁7；對女兒則勸誡其節儉，見（宋）楊億，《楊文公談苑》（上海：上海古籍出版社，2001年12月1版），〈太祖不許公主服翠襦〉，收入《宋元筆記小說大觀》，冊1，頁494。

〔註30〕蔣復璁，〈太祖實錄修纂考〉，收入《宋史新探》，頁61～72。

有不同解讀，〔註31〕以尊稱爲例，除廟號外，尚有「藝祖」稱呼，〔註32〕用以形容宋太祖才藝文德兼備，〔註33〕並非一介武夫，故能制訂「強幹弱枝」的國策，結束五代以來的紛擾，易言之，宋太祖具備文與武兩種形象，繼承他的太宗和其後的皇帝，致力於發展「文」的一面，士大夫也擁護這種政策，崇文風氣藉由科舉考試，普及至民間，在宗室群體中也拓展開來，可是，宗室團體是否就此重「文」而輕「武」？值得進一步考究，宋彥陞氏認爲「重文輕武」說最早出現在明朝，且爲明人形容當代氛圍，將「重文輕武」套用到宋朝者，乃是清人全祖望，此說在清中葉盛行，近人方豪最先採用清人說法，納入其著作，但無名確定義，這也爲眾多採用此說的學者通病。在兩宋，輕視武人、武事，只是部分士大夫的意見，反而不少士大夫喜談武事，因此宋朝「重文輕武說」是亟待修正的。〔註34〕再者，宋太祖乃文武雙全，〔註35〕太宗留心文治亦不忘武備，〔註36〕故皇子、宗室雖習文事，以「善射」者名留青史者亦不乏，〔註37〕所不同者，熙豐變法前禁止宗室參與政事，仁宗時和西夏交戰，宗室趙世融、趙從式、趙世永等七名宗室詣闕，不是獻策，而

〔註31〕 如《宋史》卷396，列傳155，〈史浩傳〉，頁12068：「太祖制治以仁，待臣下以禮，列聖傳心，迨仁宗而德化隆洽，本朝之治，與三代同風，此祖宗家法也。」又見《宋史》卷440，列傳199，〈柳開傳〉，頁13027：「太祖神武，太宗聖文。」

〔註32〕 《宋史》卷24，本紀24，〈高宗一〉，頁442：「會宗澤來言，南京乃藝祖興王之地，取四方中，漕運尤易。」又見卷119，志72，〈賓禮四〉，頁2798：「昔我藝祖受禪于周。」

〔註33〕 《尚書正義》（北京：北京大學出版社，2000年12月1版）卷3，〈舜典〉，《十三經注疏》，冊1，頁13。又見該書頁76，孔穎達疏。宋人筆記，見（宋）王闢之，《澠水燕談錄》（北京：中華書局，1981年3月1版），卷1，〈帝德〉，頁1。

〔註34〕 宋彥陞，〈關於宋代「重文輕武說」的幾點反思〉，收錄於《臺灣師大歷史學報》第49期，2013年6月，頁341～368。

〔註35〕 《楊文公談苑》，〈太祖善訓戎旅〉，收錄於《宋元筆記小說大觀》，冊1，頁497；又見（宋）邵伯溫，《邵氏聞見錄》（北京：中華書局，1983年8月1版），卷7，頁64～65。

〔註36〕 《楊文公談苑》，〈太宗獎勵循吏〉，收錄於《宋元筆記小說大觀》，冊1，頁501，又見同書，〈太宗以強弓示威〉，頁503。

〔註37〕 見《宋史》卷244，列傳3，〈趙惟憲傳〉，頁8686，又見同書，卷244，列傳4，〈趙允寧傳〉，頁8700，同書卷246，列傳5，〈吳王顥傳〉，頁8721。「善射」之美名，庶姓士大夫間亦多，故在此技藝上，宗室與一般士大夫同。庶姓士大夫以「善射」留名者，見《宋史》卷300，列傳59，〈周湛傳〉，頁9968，又見同書卷367，列傳126，〈楊存中傳〉，頁11433。

是希望親上戰場討伐趙元昊，〔註38〕這說明了藉由宋夏戰爭的契機，展現宗室以武功報效國家的渴望，也說明已對「文學與禁錮」的宗室政策感到不滿。關於宗室的文與武，暫且擱置，我們先回到宋仁宗的晚年。

仁宗膝下無子而產生繼承危機。呂誨警告皇帝，宗室間正醞釀試圖提升自己支系地位的陰謀。《長編》載：

> 臣又聞，近宗室中詭言事露，流傳四方，人心驚疑，是以陰沴之應、
> 窺覦之心，不可不知其漸。〔註39〕

呂誨認為皇帝晚年無子，使擁有皇位繼承權的宗室起覬覦之心，藉此規勸仁宗。此舉終令皇帝決定，收養兩名宗室進宮，作為皇太子的候選人。當韓琦向他進言早立皇儲時，仁宗就這兩個人選詢問韓琦的意見，後者則巧妙地回答，這是皇帝的家務事，應該由皇帝自己決定。〔註40〕

英宗是第二個入繼大統的宗室。當他被選為皇太子候選人時，顯得躊躇不安，猶豫過程中他的弟弟趙宗樸扮演了說客的角色。儘管他在位頭兩年因病而無法正常視事，由太后垂簾聽政，但宗室所具備的功用在此表現出來。

趙宗實（成為皇太子後改名曙）的家族顯赫，他是濮王趙允讓的第十四子，其父為首任知宗正司，且在真宗時被當作皇太子候選人收養進宮，故濮王這支是仁宗朝最有權勢的宗室。〔註41〕

既然出身於宗室，英宗一開始就對宗室的教育感到興趣。他下令任命 24名教官，作為原有的六名教官的補充。〔註42〕但是他在位期間短暫，治平四年（1067）正月就過世了，宗室的大改革留給他的兒子，也就是後來的神宗趙頊。

〔註38〕 趙世融事蹟，見（宋）歐陽修，《歐陽文忠公文集》（臺北：臺灣商務印書館，民國54年臺1版），卷37，〈趙世融墓誌銘〉，收入《四部叢刊初編》，冊49，頁 283；趙從式，見（宋）韓維，《南陽集》（臺北：臺灣商務印書館，民國72年初版），卷29，〈趙從式墓誌〉，2a～2b，收入《文淵閣四庫全書》，冊1101，頁 740；趙世永，見（宋）鄭獬，《鄖溪集》（臺北：臺灣商務印書館，民國72年初版），卷20，〈趙世永墓誌銘〉，1b，收入《文淵閣四庫全書》，冊1197，頁 294。值得一提的是，有名可循的這三名宗室，皆是出自太祖一系。

〔註39〕 《長編》卷195，仁宗嘉祐六年九月丁丑條，頁4724。

〔註40〕 《長編》卷195，仁宗嘉祐六年十月壬辰條，頁4727。

〔註41〕 濮王允讓，慶曆四年拜同平章事，判大宗正司，見《宋史》卷245，列傳4，〈濮王允讓傳〉，頁8708。

〔註42〕 （清）徐松輯，《宋會要輯稿》，以下簡稱《宋會要》，（北京：中華書局，1957年1版），〈帝系〉4之14～15，頁100；《宋會要》，〈職官〉20之16～17，頁2828～2829。

　　趙頊十九歲即位時，宋朝已是危機重重，財政年年入不敷出，西夏邊釁不斷，改革迫在眉睫，而當時認為用在支付宗室的薪俸和開銷是造成財政赤字的要項之一，影響整個北宋後半部歷史的熙豐變法便由宗室改革展開。

　　宗室改革是神宗和新舊黨達成共識的結果。〔註43〕熙寧二年（1069）的詔令允許宗室參加科舉，袒免親〔註44〕願意者直接用南班官〔註45〕換外官，未賜名授官者等到十五歲才可要求授官，並參加較為容易的鎖廳試；非袒免親則得和非宗室的一般舉子競爭。但終神宗與哲宗朝的大部分時間，獲得外官的宗室都被限制在卑微的監當官職位上，然隨著時間的推移，限制逐漸減少，到了元祐七年（1092），甚至允許宗室在一定條件下擔任知縣。〔註46〕

　　北宋最後一次宗室改革是在徽宗時，由宰相蔡京提出的九條奏疏，其中一條提到教育，四條討論科舉和其他入仕方式，一條討論如何養活散處各地的貧困宗室，最核心的三條提出在地方創設兩處宗室居住地的計畫，〔註47〕在西京洛陽和南京應天府設立敦宗院，以安置無祿宗室，並派教授教育年輕人。

　　徽宗時期通過科舉出任一般官員的宗室越來越多，然而靖康二年（1127）女真攻破開封，將徽、欽二帝和宗室三千人〔註48〕擄掠至北方的燕京，大部分的人在囚禁中了卻殘生，但這非全部，儘管對太宗一系的宗室人口造成負面影響，女真人要索宗室，仍有部分民間義士冒險藏匿，金軍北撤後，計有七百餘人獲救，且北宋晚期宗室已陸續散居西京河南府（今河南洛陽）和南京應天府（今河南商丘）等地，亦有部分宗室出仕地方，因此未如開封府宗室遭到根刷。〔註49〕

〔註43〕神宗先後和陳升之、王安石、司馬光等人討論宗室改革的對策，見《宋會要》，〈帝系〉4之31～35，頁108～111。

〔註44〕五服之外稱為袒免親。見《禮記正義》（北京：北京大學出版社，2000年12月1版），卷34，〈大傳十六〉，收入《注疏十三經》，冊2，頁394～395：「四世而緦服之窮也，五世袒免，殺同姓也，六世親屬竭矣。孔穎達疏：五世袒免，殺同姓也者，謂共承高祖之父者也，言服袒免而無正服，減殺同姓也。」

〔註45〕（宋）沈括，《夢溪筆談》（北京：中華書局，2009年10月1版），卷2，〈故事二〉，頁36～37：「宗子授南班官……近屬自初除小將軍，凡七遷則為節度使。」

〔註46〕汪聖鐸，〈宋朝宗室制度考略〉，頁185。

〔註47〕《宋會要》，〈職官〉20之34，頁2837；〈帝系〉5之15～18，頁119～120。

〔註48〕（宋）李心傳，《建炎以來繫年要錄》，以下簡稱《要錄》，（北京：中華書局，1988年1版），卷3，建炎元年三月庚子條，頁69。

〔註49〕《兩宋宗室制度研究──以制度考察為中心》，頁118。

第三節　靖康之難中的宗室

　　康王趙構是徽宗的第九子，因出使金營為人質時，與金人太子一起射箭，「連發三矢，皆中筈連珠不斷」，被懷疑為將門子偽裝的親王，〔註50〕因禍得福，從金人的擄掠逃脫，靖康元年（1126）欽宗授予他兵馬元帥的頭銜。得知徽、欽二帝北狩的消息後，追隨趙構官員要求他稱帝。靖康二年（1127）五月初一，他在南京即位為宋朝第十代皇帝，史稱高宗。〔註51〕

　　登基為皇不代表能穩坐皇帝寶座，接下來的十二年戰爭不斷，最終達成和議，以秦嶺、淮河一線為界。

　　隨著二帝、太子趙湛北狩的還有大量宗室，其中一些皇子和宗室試圖在途中逃跑。欽宗的弟弟信王趙榛藏匿在河北真定府，召集當地仍忠於宋朝的力量；〔註52〕趙士跂的運氣不好，逃脫以後，在邢州接受當地人的幫助抵抗金軍，被捕遇害。〔註53〕

　　逃過女真劫掠的宗室單獨或結伴南渡，他們的目的地是高宗的行在。宗室成員進入淮南尋求安置，但在淮南路，只有揚州有足夠的土地和物資。

　　知南外宗正事趙士儢建議讓宗室渡江到潤州（鎮江），便可以不再單純依靠淮南。應此要求，高宗將來自南京的宗室遷往潤州，西京的遷往揚州，來自開封的在江寧府安置。〔註54〕而隨著戰事推移，宗室再度南遷、擴散。

　　由於北宋實行的宗室選任政策，戰爭爆發時，各地的地方政府中都有宗室在作官，不少人擔任知縣、知州，宋金交兵的這段時間，圍城成了家常便飯，地方長吏必須獨當一面面對戰爭和叛亂，宗室因此大放異彩，與盡忠死守建立起同等關係。

　　趙聿之是潭州一個地位卑微的武官，但他是安定郡王叔東之子。書載：

　　金人圍潭州，帥臣向子諲率眾守城，聿之隸東壁。子諲循城，顧聿

〔註50〕（宋）佚名，《新刊大宋宣和遺事》（上海：中國古典文學出版社，1954年11月1版），利集，頁88：「康王留虜營數月，當與金國太子同習射，康王連發三矢，皆中筈連珠不斷。金太子謂此必將臣之良家子，假為親王來質，語幹離不曰：『康王恐非真的。吝是親王，生長深宮，豈能習熟武藝，精於騎射如此？可遣之別換真太子來質。』幹離不心亦憚之，復請遣肅王樞代為質。康王遂得南歸。」

〔註51〕《宋史》卷24，本紀24，〈高宗一〉，頁439～443。

〔註52〕《宋史》卷246，列傳5，〈信王榛傳〉，頁8728。

〔註53〕《宋史》卷452，列傳211，〈趙士跂傳〉，頁13293。

〔註54〕《宋會要》，〈職官〉20之37，頁2839。

之曰：「君宗室，不可效他人苟簡。」聿之感慨流涕。金兵登城縱火，

子諲率官吏突門遁去，城遂陷，聿之巷戰，大罵而死。〔註55〕

此處描述頗微妙，向子諲和趙聿之的對話、行為，恰好成為同姓、異姓卿的分別。儘管宗室在對金抗戰中表現盡忠、死節的態度，他們的身份地位一直受到高宗懷疑，好幾位被指為不忠和包藏篡位禍心。

趙子崧在開封陷落時任淮南知府，手上握有一定軍隊，在高宗朝廷中擔任鎮江知府、兩浙路兵馬鈐轄，因戰敗加上他引用司天監苗昌裔的話：「太祖後當再有天下」觸怒高宗，為顧全體面，追究他曾兵敗的案底，降職、謫居南雄州。〔註56〕

趙叔向從開封逃到洛陽，他不是單純的逃亡而已，還計畫拯救被擄走的徽、欽二帝。《宋史》記載：

金人退，引眾屯青城，入至都堂，叱王時雍等速歸政，置救駕義兵。

其後為部將于渙上變，告叔向謀為亂，詔劉光世捕誅之。〔註57〕

何兆泉根據不同史料，認為趙叔向之死，乃其在交出兵權有過猶豫，才遭高宗囚禁，後案中殺害。〔註58〕

秀州知州趙叔近試著用說服和收買的手段安撫叛亂的陳通，但他的計畫被臺諫官否定。書云：

叔近奏：「通初無叛心，止緣葉夢得賞不時給，遂至紛爭；今已就招，請赦其徒二百餘人。」帝許之。臺諫皆言不可，遂寢。

叔近還秀州，已而王淵兵至杭，詐傳呼云：「趙秀州來。」通郊迎，淵遂誅之。初，淵在汴京，狎娼周氏，周氏後歸叔近，淵銜之，乃誣叔近通賊，奪職拘于州，以朱芾代之。芾肆殘虐，軍民怨憤，小卒徐明率眾囚芾，迎叔近領郡事，叔近不得辭，因撫定之，請擇守于朝。

奏未達，朝廷命張俊致討。俊，淵部曲也，辭行，淵謂之曰：「叔近

〔註55〕　《宋史》卷452，列傳211，〈趙聿之傳〉，頁13293～13294。
〔註56〕　《宋史》卷247，列傳6，〈趙子崧傳〉，頁8743～8745：「初，昌陵復土，司天監苗昌裔謂人曰：『太祖後當再有天下。』子崧習聞其說，請康末起兵，檄文頗涉不遜。……帝震怒，不欲暴其罪，坐以前擅棄城，降單州團練副使，謫居南雄州。」
〔註57〕　《宋史》卷247，列傳6，〈趙叔向傳〉，頁8765。
〔註58〕　《兩宋宗室制度研究——以制度考察為中心》，頁154～155。

在彼。」俊諭意。領兵至郡，叔近出迎，俊叱令置對。方操筆，羣
刀邊前，斷其右臂，叔近呼曰：「我宗室也。」俊曰：「汝既從賊，
何云宗室！」語未竟，已折首于地。徐明等見叔近死，遂反戈嬰城，
縱火驅掠。翌日，俊斬關入，捕明等誅之。取周氏歸于淵。〔註59〕

趙子崧、叔近兩人因宗室身份而行動更加大膽有力，卻也因此身份遭到高宗
的懷疑。賈志揚先生認爲從記錄中找不到任何一位宗室對皇位構成有意義的
威脅，或意圖發動叛亂，事實上他們的血統，以及參與政治甚至統兵抗金的
行爲，都已構成對皇帝的威脅，尤其是高宗的地位並不穩固，正因他也是宗
室之一，如果高宗能當皇帝，其他宗室也有資格過問他的寶座。

第四節　包容政治的介紹

　　包容政治是社會科學的概念，字面上講，是採用一句成語：大度包容。
用白話解釋，就是都包在一起，容納在一起，彼此相容，彼此容忍。這種包
容式的妥協並不模糊，有具體的相對條件。某方面可以讓步，另一方面就必
須堅持，按這這樣的安排辦事，彼此都過得去。〔註60〕南宋中興，對官僚兼
容並蓄，對失節貪汙概不追究，只是記下來做把柄，假定不服從絕對的君權
或朝廷的命令，就有舊案復發的可能性。

　　政治是永遠含有妥協性的，只是妥協的大小輕重不同。但包容政治是個
特定的概念，以最緩和、最不費事的安排，以鞏固政權，所以採用包容的手
段和方式，保守謹慎的作風，以達成內外上下安定的目的。

　　包容政治的實行，在於對各種問題提出確實且能執行的對策。應付既成
勢力、攏絡新興團體、督促形同怠職的官僚、平息言官清議的批評、安插越
來越多的士大夫、管束胥吏不讓他們超出容忍範圍、救濟生活過不去的農民
使他們不造反。〔註61〕

　　包容政治必須具備四項條件才能運用，第一要名實兼顧，第二是統治方
法，第三是充裕的財力，第四是思想上的信念。〔註62〕

　　南宋政治最大的特色是權相。北宋君主大多親自裁決軍國大事，照理說

〔註59〕《宋史》卷247，列傳6，〈趙叔近傳〉，頁8764。
〔註60〕劉子健，〈包容政治的特點〉，頁41～42。
〔註61〕劉子健，〈包容政治的特點〉，頁43。
〔註62〕劉子健，〈包容政治的特點〉，頁44～47。

南宋應恢復此傳統，但高宗礙於現實無法收復淮北至黃河流域的故土，加上需要有人替他決策並去執行，還能替他當擋箭牌，所以選擇秦檜，代價則是十餘年的權勢，直到秦檜病逝。

孝宗個性陰柔，沒有堅決主張，又不信任大臣，故沒有權相。〔註 63〕之後兩個權相之起，都與皇位繼承有關。

光宗精神失常，不爲孝宗發喪，無法處理國政的皇帝，只好倒過來想辦法安置他。結果是宗室趙汝愚、宰相留正、外戚韓侂胄與宦官用吳太后手詔讓光宗禪讓給寧宗，之後韓侂胄鬥垮留正、趙汝愚，獨攬大權。

韓侂胄之後當權的是孝宗老師史浩的後人史彌遠、史嵩之，前者甚至矯詔立理宗，批評的人竟不多，乃是因爲他精通包容手段。

最後的權相是賈似道，歷史上對他的評價很壞，這是因爲他侵犯到地主官僚、軍官的利益，投降蒙古的官員不便批評前朝皇帝，就把責任推卸到他身上。包容政治並非講合理負擔、有錢出錢。固然，他打敗仗又虛報戰勝，但在蒙古人眼裡他還算是很有謀略的勁敵。〔註 64〕

再來是士風和胥吏的問題。儒家的經典和如何做官之間有著不少差距，在政府做事多半憑習俗和經驗，也就是所謂閱歷。〔註 65〕

關於行政，儒家是主張德治的。可是南宋若干官僚坦白承認事實上是法治，更具體的說法，是靠判例，最後甚至連皇帝都官僚化，三令五申卻始終不見成效。彼此包容的另一面就是彼此推諉。最後把責任推到皇帝身上，或暗指他左右佞臣。

地方官員也有好的，但大部分很壞。具體而言，是中央將屬於縣的利權全劃撥給州，但過多的財稅要求卻攤派給縣，〔註 66〕而胥吏又在其間上下其手，結果反倒造成官箴盛行。

〔註 63〕（宋）葉紹翁，《四朝聞見錄》（北京：中華書局 1989 年 2 月 1 版），乙集，〈孝宗召周益公〉，頁 57～58。又見劉子健，〈包容政治的特點〉，頁 54。

〔註 64〕（明）宋濂，《元史》（北京：中華書局，1976 年初版），卷 126，列傳 13，〈廉希憲傳〉，頁 3090：「昔攻鄂時，賈似道作木柵環城，一夕而成，（世祖）陛下顧扈從諸臣曰『吾安得如似道者用之』。」

〔註 65〕劉子健，〈包容政治的特點〉，頁 62。

〔註 66〕梁庚堯，〈讀《名公書判清明集》論南宋商人所受官府的困擾〉，收錄於《宋旭軒教授八秩慶壽論文集》（臺北縣：宋旭軒教授八十榮壽論文集編輯委員會出版，2000 年 11 月），冊 1，頁 553。

小　結

北宋的宗室處境宛如金明池中豢養的鯉魚養尊處優，但絕無自由可言，其中不乏英傑之士鬱鬱寡歡而終，神宗變法給予他們離開金明池的機會，靖康之難對北宋而言是場大災難，卻也給予宗室官員證明自身價值的機會，而他們確實也把握住了。當宋高宗的部隊節節敗退甚至不戰而潰，宗室官員的盡忠職守、捨身取義，與之形成極大對比。

在政治上，南班官正如其名，扮演的是儀式上的擺設，他們地位尊貴，俸祿、賞賜優厚，卻禁止參與政治，仁宗時，藉由宋夏戰爭，宗室曾表達效用報國的心願，但仍遭婉拒；宋神宗改革，南班宗室可用原階換授外官，出身按庶官法，袒免以下宗室雖不再賜名授官，仍保有教育和授田的特權，並藉由科舉踏入仕途，參與國政。

第二章　南宋前期的宗室和一般官員

　　南宋歷史的分期從政治、軍事、外交形勢或以社會經濟的演變爲準則，但學界尚未有一致的看法。在研究進行上，適度的分期有助於呈現各階段歷史原貌，本文以「宗室」和「包容政治」爲主軸，故從政治軍事角度來做分期基準，但宗室進行的活動並非僅活躍於政治舞台，甚至深入民間。

　　若以政治軍事角度做爲分界依據，大陸學者張其凡主張以宋金「嘉定和議」二分南宋，前期從高宗建炎元年（1127）至寧宗嘉定元年（1208）共八十二年，爲「宋金戰爭時期」；後期從嘉定二年（1209）迄厓山之覆共七十一年，爲「宋蒙戰爭期」，〔註1〕又以政治思想史的發展認爲嘉定元年以後乃是理學成爲官方哲學，佔據統治地位的時期，〔註2〕因此主張嘉定元年爲南宋史重要分期年代，但根據劉子健的看法，理學雖在十三世紀初獲得平反，至少要到淳祐元年（1241），南宋政府才正式頒佈朱熹學派爲「道統」。〔註3〕且從軍事外交形勢觀察，南宋要從端平元年（1234）後才直接受到蒙古軍事壓迫，此時金朝已滅，外交局勢巨變，故嘉定元年的重要性似乎不能與端平元年相提並論，因此不少學者以端平元年作爲南宋中期、晚期的分界點，然此分界法則又欠缺對社會經濟演變的關照。日本學者寺地遵以政治爲著眼點，將南宋分爲三期，高宗、孝宗爲前期，光宗、寧宗、理宗紹定五年（1233）爲中期，理宗端平元年（1234）

〔註1〕　張其凡，〈論宋代政治史的分期〉，《中華文史叢刊》第 51 輯（上海：上海古籍出版社，1993 年 8 月出版），頁 8～14。

〔註2〕　張其凡，〈試論宋代政治思想的發展〉，《中國史研究》第 1 期，1993 年，頁90。

〔註3〕　劉子健，〈宋末所謂道統的成立〉，收入《兩宋史研究彙編》，頁 250～251。

後爲後期，〔註4〕過於強調政治、尤其是權相的作爲，忽略經濟、文化發展。

以上三種分期法各有其立論基礎，因本文論述的重點在宗室和包容政治，其中包容政治爲南宋特色所在，故以寺地遵氏看法爲佳，然本文尙有宗室官員此一主題，寺地遵氏側重權相而刻意以史彌遠之死將理宗前十年截斷包含中期的作法相對繁複，且與本文主旨衝突，故筆者使用簡明分期法，將高宗至孝宗登基分入前期，孝宗至寧宗過世爲中期，理宗即位後爲晚期。

第一節　政局發展

一、高宗承統

建炎初年的政治狀況，嚴格地說，是從靖康二年（1127）二月初金軍宣布廢絕趙氏王朝之後，中國的政治權力中心陷入眞空狀態。除康王趙構外，宋朝皇室、在東京宗室皆被捕送北地，造成政治上無重心及混亂局面，但並不一定無秩序。

同年三月七日，女眞人擁立原宋朝宰相張邦昌建立僞楚，次月初即撤回北方，失去軍事後盾的張邦昌自動退位，並奉哲宗的孟皇后由道姑還俗，號爲元祐太后，垂簾聽政。四月十五日，應群臣所請，發「告天下書」，立康王爲皇帝，康王趙構便於五月一日在南京應天府即皇帝位。高宗的即位，並未得到父親徽宗、兄長欽宗、母親韋后直接授與皇位，而是迫於時勢，在全然不知金將如何對待被強行帶往北方的二帝的情況下登基，既無直接授權關係，倘若二帝返還，極有可能被問以反逆之罪。〔註5〕

在這種情況下，對作爲主權象徵、最高政治指導者的高宗行動產生制約，並影響他的政治判斷與決定，因此對活躍的宗室官員，一方面賦予方面之權，另一方面則有杯弓蛇影、風吹草動即痛下殺手的激進行爲。

此時圍繞在高宗身旁的支持者，以汪伯彦（1069～1141）、黃潛善爲首。靖康元年（1126）十一月上旬康王趙構、刑部尙書王雲（？～1126），帶著以割讓河北三鎭，奉金帝爲皇伯的議和條件出使，路經磁州（今河北磁縣）

〔註4〕　（日）寺地遵著，劉靜貞、李今芸譯，《南宋初期政治史研究》（臺北：稻禾出版社，民國84年7月初版）。

〔註5〕　《南宋初期政治史研究》，頁54。

時，王雲被州人指爲奸邪而遭殺害，〔註6〕趙構只得返回相州（今河南安陽）。
〔註7〕當時力勸他留下，並保護他不受金人追捕，後又協助開設大元帥府的
有知中山府（今河北定州市）陳遘（1090～1121）、知相州汪伯彥、知磁州
宗澤（1060～1128）最爲有力。其中，陳遘於中山府爲步將沙振所害，〔註8〕
宗澤負責處理收復開封後守備問題，結果一直留在康王身邊而有擁立之功者
僅剩汪伯彥。

　　建炎二年（1128）宗澤過世，北京留守、河東路制置使杜充繼任，其人
「酷而無謀，士心不附，謀將多不安之」，〔註9〕結果宗澤所招群盜爲兵者皆
散去，北京大名府淪陷，河北東路提點刑獄郭永遇害，禮部尙書王絢（1074
～1137）聞金人將南侵，率從官數人向皇帝求對，高宗命其眾堂議，而汪、黃
嗤之以鼻，不爲信，直到金人前鋒至泗州（今江蘇省淮安市附近）附近數十
里，並計畫渡淮，高宗大驚，急命軍隊通夕搬運內帑。〔註10〕

　　先是，韓世忠兵潰沭陽，〔註11〕閻謹遁逃，孫榮戰死，〔註12〕此時高宗已
對麾下部隊的抵抗意志不抱期望，緊鑼密鼓進行撤離準備。《要錄》記載如下：

> 二月庚戌朔，上駕御舟泊河岸，都人惶怖，莫知所爲。……上即欲
> 渡江，黃潛善等力請少留俟報，且搬左藏庫金帛三分之一，上許之。
> 〔註13〕

搬運物資以供後續軍需的計畫卻因天長軍統制任重、成喜的部隊逃跑〔註14〕而
打亂；高宗曾對江淮制置使劉光世的部隊寄以厚望，調派其部隊前往禦敵，但
還未到淮河畔便先自行潰逃；〔註15〕知楚州朱琳（生卒年不詳）更直接開門投
降，「開西北門納金人，開東門縱居人自便……金人覺之，悉邀回城中」。〔註16〕

〔註6〕　《宋史》卷357，列傳116，〈王雲傳〉，頁11230。
〔註7〕　《宋史》卷23，本紀23，〈欽宗紀〉，頁432。
〔註8〕　《宋史》卷447，列傳206，〈陳遘傳〉，頁13183。
〔註9〕　（清）畢沅，《續資治通鑑》（上海：上海古籍出版社，1995年初版），卷102，
　　　　收入《續修四庫全書》，冊346，頁13。（以下簡稱續通鑑）
〔註10〕《要錄》卷19，建炎三年正月己酉條，頁386～387。
〔註11〕《要錄》卷19，建炎三年正月丙午條，頁385～386。
〔註12〕《要錄》卷19，建炎三年正月己酉條，頁387。
〔註13〕《要錄》卷20，建炎三年二月庚戌條，頁389。
〔註14〕《要錄》卷20，建炎三年二月庚戌條，頁389。
〔註15〕《要錄》卷20，建炎三年二月庚戌條，頁389。又見《宋史》卷25，本紀25，
　　　　〈高宗二〉，頁460。
〔註16〕《要錄》卷20，建炎三年二月庚戌條，頁389。

如此一來，為高宗渡江斷後屏障皆不復存在，而而汪、黃二相仍不以為意，還安慰因心中不安，前來相詢的從官，從官再將此訓傳及百官，造成百官、居民誤判情勢，以為「未宜輕動」，然稍早揚州居民「爭門以出，踐死者無數」，及江都縣（今屬揚州市境內）夜火，「皆戍卒自焚其居」〔註17〕之事令高宗對自身安危感到威脅，派遣親信宦官到天長軍（今安徽天長）偵察。書云：

> 壬子，金人陷天長軍。上遣左右內侍廊詢往天長軍覘事，知為金人至，遽奔還。上得詢報，即介冑走馬出門，惟御營都統制王淵、內侍省押班康履五六騎隨之。過市，市人指之曰：「大家去也。」俄有宮人自大內星散而出，城中大亂，上與行人並轡而馳。黃潛善、汪伯彥方會都堂，或有問邊耗者，猶以不足畏告之，堂吏呼曰：「駕行矣。」二人乃戎服鞭馬南鶩，軍民爭門而出，死者不可勝數。上次楊子橋，一衛士出語不遜，上掣手劍刺殺之。〔註18〕

被文武百官欺瞞，淪落到倉皇逃難，此時再有不識趣者出言不遜，想必可無可忍。由此可窺見高宗的性格，〔註19〕乃有仇必報之人，為日後岳飛不聽命，又干涉立儲之事重重得罪而引來殺機埋下伏筆。

（一）高宗身邊的非宗室官員

A. 汪伯彥（1069～1141）

汪伯彥，字廷俊，徽州祁門（今屬安徽）人，徽宗崇寧二年（1103）進士及第，靖康改元因獻邊防十策而以直龍圖閣知相州，金人攻陷真定（今河北正定縣）後，詔令真定帥司遷至相州，由汪伯彥指揮。

趙構以天下兵馬大元帥開府於相州，首先以汪伯彥、黃潛善、宗澤為副元帥，赴各地招募義兵、勤王軍、潰兵，並確保張慤、黃潛厚等京東、河北轉運使提供軍需。據《宋史》記載：

> 北兵薄京城，欽宗詔：金人見議通和，康王將兵，毋得輕動。伯彥以為然。宗澤曰：「女真狂譎，是欲款我師爾。如即信之，後悔何及

〔註17〕《要錄》卷20，建炎三年二月庚戌條，頁389。

〔註18〕《要錄》卷20，建炎三年二月壬子條，頁390。

〔註19〕關於高宗性格的描述，還可參見（宋）確庵、耐庵編，崔文印箋證，《靖康稗史箋證》（北京：中華書局，2010年8月2版），頁177：「康王目光如炬，好色如父，侍婢多死者。」

乎！宜亟進兵。」伯彥等難之。及城破，金人逼二帝北行，張邦昌
僭立……高宗即位，擢知樞密院事。未幾，拜右僕射。〔註20〕

然汪伯彥「踰年在相位，專權自恣，不能有所經畫」。〔註21〕禮部尚書王綯（1074
～1137）與多位大臣指出金人有南侵跡象，建炎三年（1129）正月向泗州進犯
的情報傳至高宗御前，汪、黃二人仍不以為意，笑曰「諸公所言，三尺童子
皆能及之」，〔註22〕等到金人前鋒至臨淮，還謠傳是盜匪劉忠或李成餘黨，守
將閣瑾捕獲女真斥候方確認，這才倉促行動，目的不是興兵拒敵，而是要倉
皇南渡。高宗至杭州，罷免汪伯彥、黃潛善，以其誤國之故。〔註23〕

B. 張愨（生卒年不詳）

張愨，字誠伯，河間樂壽（今河北獻縣）人，元祐六年（1091）進士，
累遷龍圖閣學士、計度都轉運使。《宋史》記載：

> 高宗為兵馬大元帥，募諸道兵勤王，愨飛輓踵道，建議即元帥府印
> 給鹽鈔，以便商旅。不閱旬，得緡錢五十萬以佐軍。……愨初聞二
> 帝北行，率副總管顏岐等三上牋勸進。最後，愨上書，極論中原不
> 可一日無君，高宗為之感悟。〔註24〕

因此高宗即位即以他為戶部尚書、同知樞密院事、措置戶部財用兼御營副使，
後以論兵事遷尚書左丞，官至中書侍郎。張愨善於理財，還曾針對召募兵員
做出詳整建議，就事論事的理性態度「論議可否，不形辭色，未嘗失同列之
歡」，〔註25〕是難得的人才。

C. 黃潛善（1078～1130）

黃潛善字茂和，邵武（今福建邵武）人，宣和六年（1124）進士，〔註26〕
靖康初為高陽關路（今河北河間市）安撫使，與總管楊惟忠率領麾下軍隊數
千至東平，〔註27〕令康王喜出望外。故當金人擄二帝北行，康王即改以汪伯
彥為元帥，黃潛善為副元帥，表明在康王身邊急就章的元帥府文武官員中，

〔註20〕《宋史》卷473，列傳232，〈汪伯彥傳〉，頁13745～13746。
〔註21〕《宋史》卷473，列傳232，〈汪伯彥傳〉，頁13746。
〔註22〕《要錄》卷19，建炎三年正月己酉條，頁386。
〔註23〕《要錄》卷20，建炎三年二月己巳條，頁404。
〔註24〕《宋史》卷363，列傳122，〈張愨傳〉，頁11347。
〔註25〕《宋史》卷363，列傳122，〈張愨傳〉，頁11347。
〔註26〕《宋史》卷473，列傳232，〈黃潛善傳〉，頁13743。
〔註27〕《宋史》卷24，本紀24，〈高宗一〉，頁441。

以二人的地位最高。

而二人的政策方針，一是議和，二是努力強化皇帝或中央直轄軍的編制，三是確保戰時財政。儘管被批評爲「皆無遠略」，〔註28〕但可從這三方面看出該時期的現實性，和以重視皇帝人身安全爲最高指導原則。

D. 李綱（1083～1140）

李綱字伯紀，邵武（今屬福建）人，政和二年（1112）進士，宣和七年（1117）時爲太常少卿，與吳敏強烈要求徽宗退位，欽宗即位後立即任爲兵部侍郎，靖康元年（1126）正月升尚書右丞，因主戰、主和派嚴重對立而罷，尋又任知樞密院事，因救援太原之圍失敗，落職建昌軍安置。〔註29〕

李綱的起復產生的政治糾結是北宋末的新舊黨爭的延續，〔註30〕高宗用他的最主要理由在於他原是北宋末宰執之一，在開封大部分官員追隨張邦昌的傀儡政權的情況下，高宗必須找一位人格、識見、名聲皆足以與張邦昌相抗衡的人物才足以吸引官員來歸。〔註31〕

（二）包容政治的運作

相較於汪、黃二人以熟悉實務的地方官員身分入主朝廷宰執，靖康初曾任宰相，開大元帥府後再度任用的李綱主張堅持抗戰，懲罰投靠僞楚政權的官員，建議行在應駐蹕南陽，並且立藩鎮爲屏障，利用民間武裝勢力抗金，戰費籌措則以「度牒、鹽鈔，及募民之出財」，數日後又建議「募民出財，賞以官告、度牒」〔註32〕的方式來看，顯示他並不熟悉地方事務與財源籌措等實務操作的可行性，再加上所其十大政策綱領中的三、四、五項都強烈要求給予參與張邦昌僞朝廷者處分，違反高宗「欲以柔道取之焉」的作法──安撫擔心受到報復的僞朝官員，使其重新投靠宋朝而不去協助頗具威脅的劉豫僞齊。李綱既不願意妥協又忽視高宗人身安全，且財源籌措政策缺乏務實性，終於建炎元年（1127）八月罷職，但藩鎮政策無法實施，也造成宗澤去世後於開封招募的義軍散逸，使得金軍得以在毫無阻攔的情況下長驅直入，甚至攻陷揚州，迫使高宗倉皇逃往江南，而以汪、黃爲首的高宗擁立集團專權於建

〔註28〕《續通鑑》卷102，25a，冊344，頁553。
〔註29〕《宋史》卷358，列傳117，〈李綱上〉，頁11250。
〔註30〕《南宋初期政治史研究》，頁58。
〔註31〕《南宋初期政治史研究》，頁56。
〔註32〕《要錄》卷6，建炎元年六月己卯、辛巳條，頁162、164。

炎三年（1129）二月告終。〔註33〕

二、紹興和議

紹興八年（1138）第一次和議在宋方以高宗、秦檜，金方以完顏昌（？～1139）爲首，以歸還韋后和徽宗梓宮、河南地爲條件的情況下達成。然而此等粗糙的議和方式，在雙方內部均有反對聲浪存在。在宋朝這方，主張以收兵權爲優先議題的趙鼎（1085～1147）抗戰派遭到高宗－秦檜集團徹底排除，但是在金朝這方卻是以反對議和的完顏宗弼（？～1148）殺盡議和派告終，紹興十年（1140）五月完顏宗弼出兵奪取山東、陝西、河南等地，和議才過一年多即告毀棄。〔註34〕

對於南宋而言這是一場無名之戰，尤以秦檜處境最爲惶恐，他不但失去敵國中的合夥人，還喪失自己的政治基礎，更給政敵即反對和議者主張「金不可信任論」者口實，藉宋金再度開戰契機，雙方人馬於朝中也展開奪權之爭。〔註35〕

對此，深知皇帝支持之重要性的秦檜啓用具有實務官僚性的流寓士人王次翁（1049～1179）爲御史中丞，由他進行對高宗的遊說工作，成功穩住皇帝的信任，也註定趙鼎流放海南島吉陽軍（今海南崖縣）的命運。

南宋朝廷就在充滿厭戰氣氛下發表對金宣戰的佈告，同時傳達只譴責完顏宗弼、表明維持紹興八年（1138）和議時南北共存的狀態爲目標、不要求恢復中國和呼籲臣民死守祖墳家園、要求金朝停止戰爭行爲，而在各家軍和金會戰後拒絕岳飛等人擴大戰果的要求、命令他們班師撤兵。〔註36〕直到紹興十一年（1141）柘皋大捷（柘皋鎮，今屬安徽巢湖市）奠定皇帝權威和領導力凌駕諸將，克服諸家軍體制，將兵權收歸皇帝麾下。

紹興和議的準備工作是從何時開始的？紹興十一年（1141）二月柘皋之戰宋軍大勝後，四月時解除岳飛、韓世忠、劉錡、楊沂中等大將的兵權，從十月開始至紹興十二年（1142）正月和議締結經過三個月的時間，期間以殺岳

〔註33〕《南宋初期政治史研究》，頁75。
〔註34〕（宋）李燾，《皇宋十朝綱要》（上海：上海古籍出版社，2002年3月1版），卷23，11b～12a，收入《續修四庫全書》，冊347，頁650～651。
〔註35〕《南宋初期政治史研究》，頁210～211。
〔註36〕《南宋初期政治史研究》，頁217～218。

飛一事作爲議和條件較受矚目，而該條件僅見於《宋史·岳飛傳》，〔註37〕這明顯是違反包容政治的作法，今日史學界已不側重秦檜陰謀論，研究焦點指向幕後主使者宋高宗。〔註38〕那麼，爲何宋高宗寧可違反包容政治也要殺岳飛？其他大臣對此事的觀點又是什麼？劉子健〈岳飛〉有詳細的描述，文內形容岳飛以一介武官，卻屢次對皇帝擺架子、不服從命令、干涉立儲之事，以及一些零瑣罪狀，如私釀酒和設關卡抽稅籌措軍費。〔註39〕宋太祖固然有不殺大臣的家法，可是將領不包含在內，〔註40〕何況岳飛過於張揚，宋高宗正好藉他來殺雞儆猴，群臣「色屬內荏，多爲傍觀之論」，〔註41〕沒幾個人出手相救。

第二節　宗室官員的表現

上一章已敘述子崧、叔近因宗室身分而大膽行動，最後因遭猜忌，或落職，或身死。但擔當守職的宗室官員，無論是面對金軍或流寇，無一投降者，均令他們的敵人付出慘重代價。

高宗朝廷即便形同鬧劇般逃過江，抵達杭州，仍無法安頓下來。建炎三年（1129）三月發生明受之變（或稱苗劉兵變），十一月建康失守，宋高宗準備逃離臨安府以躲避金人，爲確保自己被殺或被俘時，仍能有正統名位延續宋祚，乃分兵保護孟太后從陸路避難。作爲南宋初期重要的政治象徵，曾有三個政權利用她證明自己的合法性，先是張邦昌在開封的傀儡政權，接著是康王即位，最後是苗劉的流產政變。〔註42〕因此，金軍追擊高宗的同時，亦分兵越過淮南，深入江西追殺孟太后，顛沛流離間尚有宗室大放異彩之處。

下表2-1將宗室官員的事蹟加以分類：

〔註37〕《宋史》卷365，列傳124，〈岳飛傳〉，頁11393。

〔註38〕劉子健，〈包容政治的特點〉，頁53。

〔註39〕劉子健，*Yueh Fei (1103-41) and China's Heritage of Loyalty, The Association for Asian Studies* Vol.31, No.2, Ann Arbor: The Association for Asian Studies, Feb.1972, p291～297。

〔註40〕顧宏義，〈岳飛之死與宋太祖不殺大臣誓約考〉，收入《華東師範大學學報》第33卷第1期，頁116。

〔註41〕（清）俞正燮，《癸巳存稿》卷8，〈岳武穆獄論〉，頁233。

〔註42〕《宋史》卷243，列傳2，〈孟皇后傳〉，8632～9638。

表2-1：南宋前期宗室官員事蹟表

貢獻類型	姓　名	事　蹟	資料來源	備　註
軍事	趙士㟁（1080～1131）	1. 平劇賊丁一箭之亂。 2. 李成叛，紹興元年（1131）陷江州（今江西九江市），士㟁仰藥自殺。	《宋史》卷452，列傳211，忠義7，〈趙士㟁傳〉，頁13291。	趙士㟁六子，皆有文行。不忒、不忞、不惄、不惡、不灐、不隱。李成殺其三子不忞、不灐、不隱。〔註43〕
	趙叔皎（生卒年不詳）	1. 元豐中為右班殿直，累遷至德州（今山東德州市）兵馬都監。 2. 建炎二年（1128），金人圍城，被執而死。	《宋史》卷452，列傳211，忠義7，〈趙叔皎傳〉，頁13293。	有江喆者，與郡守宗諒謀以城降，叔皎斬喆以徇。金人登城，叔皎猶力戰，勢窮被執，怒罵不屈，遂遇害。〔註44〕
	趙士醫（?～1130）	1. 任秀州（今上海、嘉興一帶）兵馬都監。 2. 建炎四年（1130）完顏宗弼攻秀州，士醫死之。	《宋史》卷452，列傳211，忠義7，〈趙士醫傳〉，頁13292。	
	趙士眞（?～1129）	1. 權知信陽軍（今河南信陽縣）。 2. 建炎三年（1129）賊寇劉滿陷城，執士眞至荊門（今湖北荊門市）殺之。	《宋史》卷452，列傳211，忠義7，〈趙士眞傳〉，頁13292。	建炎三年（1129）冬十月，京西賊劉滿陷信陽軍，殺守臣趙士眞。〔註45〕
	趙士遒（?～1135）	1. 以武翼大夫守官江州。 2. 紹興五年（1135）賊寇馬進攻江州，士遒死之。	《宋史》卷452，列傳211，忠義7，〈趙士遒傳〉，頁13293。	《宋史·高宗紀》記馬進於紹興元年（1131）春正月陷江州，同年五月張俊及李成戰於黃梅縣（今屬湖北省黃岡市），殺馬進，故趙士遒之死應在紹興元年。〔註46〕
	趙士跂（?～1127）	1. 濮王曾孫，靖康二年（1127）為右監門衛大將軍、吉州團練使。 2. 女眞人盡捕宗室北行，趙士跂半途逃逸，與地方豪族謀舉事，為人告發，被金人執而殺害。	《宋史》卷452，列傳211，忠義7，〈趙士跂傳〉，頁13293。	

〔註43〕《宋史》卷452，列傳211，〈趙士㟁傳〉，頁13292。
〔註44〕《宋史》卷452，列傳211，〈趙叔皎傳〉，頁13293。
〔註45〕《宋史》卷25，本紀25，〈高宗二〉，頁469。
〔註46〕《宋史》卷26，本紀26，〈高宗三〉，頁484～488。

軍事	趙叔憑（生卒年不詳）	1. 建炎間知陝州。 2. 金人圍陝州甚久，援兵不至，城破而死。	《宋史》卷452，列傳211，忠義7，〈趙叔憑傳〉，頁13293～13294。	通判王濬，職官劉效、陳思道、馮經、李岳、杜開，縣令張玘，將佐盧亨等五十一人俱死，無降者。〔註47〕
	趙訓之（？～1129）	1. 政和二年（1112）進士。 2. 建炎三年（1129），知吉州永豐縣（今屬江西吉安市），爲平孟太后衛兵之叛而陣亡。	《宋史》卷452，列傳211，忠義7，〈趙訓之傳〉，頁13294。	
	趙疊之（？～1129）	建炎三年（1129）爲上元縣（今屬南京江寧縣）丞，率鄉兵抵禦金人，戰沒。	《宋史》卷452，列傳211，忠義7，〈趙訓之傳〉，頁13294。	未單獨立傳，其世系表見於《宋史》卷239，表30，宗室世系表25，〈鄆國公房一〉，頁8410。
	趙不試（？～1130）	1. 建炎元年（1127）知相州。 2. 建炎四年（1130）金人圍城，與金人約勿殺，開城，自投井而死。	《宋史》卷447，列傳206，忠義2，〈趙不試傳〉，頁13183。	
	趙士珸（1089～1135）	1. 靖康末隨二帝北遷，途經洺州，（今屬河北省）逃亡。 2. 募義軍收復洺州。 3. 建炎二年（1128）金軍再度圍攻洺州，因糧盡援絕，突圍而去，輾轉至臨安。	《宋史》卷247，列傳6，忠義2，〈趙士珸傳〉，頁8752～8753。	
	趙守之（生卒年不詳）	趙守之爲吉、筠、袁州、臨江軍四區的巡檢馬遞鋪，孟太后自吉州（今江西吉安市）移往虔州（今江西贛州市）時，太守楊淵帶走大部份的兵力扈從，留下守之代理州政。	（宋）周必大，《周益公文集》卷75，〈宗室崇道武經公育墓誌銘〉，5b～7b，冊49，頁383。	靖康中，（公育）君之父守之爲吉、筠、袁州、臨江軍巡檢馬遞鋪……隆祐太后避狄如贛，吉守楊淵募兵從衛，檄守之暫攝州事，今二牒皆在。終武節，即贈武義大夫。〔註48〕
	趙聿之（？～1130）	建炎四年（1130）參予潭州（今湖北長沙）保衛戰，城破戰死。	《宋史》卷452，列傳211，忠義7，〈趙聿之傳〉，頁13295。	建炎四年（1130）二月，金人陷潭州，將吏王暐、劉玠、趙聿之戰死，向子諲率兵突圍而

〔註47〕《宋史》卷452，列傳211，〈趙叔憑傳〉，頁13294。
〔註48〕（宋）周必大，《周益公文集》（北京：線裝書局，2004年1版），卷75，〈宗室崇道武經公育墓誌銘〉，5b～7b，收錄於《宋集珍本叢刊》，冊49，頁383。

				去，金兵大掠、屠城。〔註49〕
軍事	趙不尤(生卒年不詳)	1. 靖康之難，募義兵，雄張河南北。 2. 高宗即位，率軍投奔，補武翼郎，從岳飛平湖寇。 3. 參與岳飛在紹興十年（1140）的遠征。〔註50〕 4. 被秦檜奪去兵權，貶謫橫州，死在當地。	《宋史》卷247，列傳6，宗室4，〈趙不尤傳〉，頁8757。	是少數入朝後還保有自己部隊的宗室。〔註51〕
政治	趙士㙐(生卒年不詳)	1. 宣和元年（1119）太學上舍出身，任開德府司儀曹事。 2. 曾知臨安、紹興府，以善理財聞名，又有官聲，大小事均親自經手，不假吏員。 3. 秦檜曾試圖籠絡他，雖不黨附，檜死後仍受到連累。〔註52〕	（宋）孫覿，《鴻慶居士文集》卷38，〈趙士㙐墓誌銘〉，收錄於《叢書集成續編》，冊127，頁319。	高宗從揚州出逃途中與其相識。〔註53〕
	趙士㒟(1084～1153)	1. 擁立高宗的宗室之一，有策立之功。 2. 提出多項宗室政策。〔註54〕	《宋史》卷247，列傳6，宗室4，〈趙士㒟傳〉，頁8754。	

〔註49〕 《宋史》卷26，本紀26，〈高宗三〉，頁476。

〔註50〕 （宋）葉適，《葉適集》（臺北：河洛圖書出版社，民國63年5月初版），卷21，〈趙善悉墓誌銘〉，頁420。

〔註51〕 《葉適集》卷21，〈趙善悉墓誌銘〉，頁418～420。

〔註52〕 （宋）孫覿，《鴻慶居士文集》（臺北：新文豐出版公司，民國78年1版），卷38，〈趙士㙐墓誌銘〉，收錄於《叢書集成續編》，冊127，頁319。

〔註53〕 《要錄》卷20，建炎三年二月壬子條，頁391：「上至鎮江，宿於府治，從行無寢具，上以一貂皮自隨，臥覆各半。上問：『有近上宗室否？』時士㙐爲曹官，或以名對。遂召士㙐同寢，上解所御綿背心賜之。士㙐、仲維子也。」仲維爲韓王趙宗鍔子。

〔註54〕 建炎元年（1127）夏八月，將南逃的宗室遷移到鎮江府（潤州），以減輕江北特別是揚州的供給壓力，並降低他們被金人俘虜的危險性，高宗接受這項建議，並下令來自南京的宗室遷往鎮江，西京宗室遷往揚州，開封宗室在江寧安置，見《宋會要》，〈職官〉，20之37，頁2839。建炎二年至三年，因戰火蔓延，宗室不斷往南遷徙，原先決定安置虔州，南班宗室繼續留在皇帝身邊，見《宋會要》，〈職官〉，20之21，頁2831。但因高宗流亡海上，大宗正司落腳於廣州，從南京來的宗室則在泉州生根，成爲南宋最大的宗室集中地，見《宋會要》，〈職官〉，20之37，頁2839。

政治		3. 苗劉兵變時與其子不凡奔走、遊說在外領兵大臣和將領支持高宗。 4. 因試圖營救岳飛而遭秦檜放逐。〔註 55〕		
	趙子瀟（1101～1166）	1. 宣和進士。 2. 任衢州推官時協助知州胡唐老擊退苗、劉亂軍。 3. 在高宗朝歷任兩浙轉運副使、知臨安府，在孝宗朝任沿海制置使、知明州、福州、泉州等地方官，死於泉州任上。	《宋史》卷 247，列傳 6，宗室 4，〈趙子瀟傳〉，頁 8746～8747。	（宋）胡銓，《胡澹庵先生文集》（臺北：漢華出版社，民國 59 年初版），卷 24，頁 10。
	趙士㒟（？～1151）	1. 以廕補官，累轉至太子率府副率。 2. 隨孟太后逃難，因金軍追擊、衛隊兵潰而走散。 3. 成功以從船中取得的御容說服潰兵繼續效忠宋朝。 4. 與孟太后會合後，解決虔州鄉兵和護衛禁軍對峙危機。	《宋史》卷 243，列傳 2，后妃下，〈哲宗昭慈聖獻孟皇后傳〉，頁 8636。 《宋史》卷 247，列傳 6，宗室 4，〈趙士㒟傳〉，頁 8755。	
	趙不羣（生卒年不詳）	1. 宣和中，量試授承事郎。 2. 紹興七年（1137）八月淮西兵變，遭酈瓊脅持北去。 3. 歸來後，知荊南府（今湖北公安縣），累遷兩浙路轉運副使，死於任所。	《宋史》卷 247，列傳 6，宗室 4，〈趙不羣傳〉，頁 8756。	高宗曾詢問他酈瓊反叛的原因，他回答是因為劉錡的任命不當，以及沒有適時安撫、攏絡以安軍心之故。〔註 56〕
	趙子晝（1089～1142）	1. 建炎四年（1130）遷吏部員外郎，後遷尚書左司員外郎。 2. 以善於理財聞名。	《宋史》卷 247，列傳 6，宗室 4，〈趙子晝傳〉，8746。	

〔註 55〕 《宋史》卷 247，列傳 6，〈趙士㒟傳〉，頁 8754：「及岳飛被誣，士㒟力辨曰：『中原未靖，禍及忠義，是忘二聖不欲復中原也。臣以百口保飛無他。』檜大怒，諷言者論士㒟交通飛，蹤迹詭秘，事切聖躬，遂奪官。中丞万俟卨復希旨連擊之。謫居于建，凡十二年而薨，年七十。」

〔註 56〕 《宋史》卷 247，列傳 6，〈趙不羣傳〉，頁 8756。

政治	3. 任試太常少卿時，將散逸的太常因革禮收集八十篇，合成二十七卷。 4. 首位宗室侍從官。 5. 因反對秦檜而遭免職。 〔註57〕	

　　藉由上表分類結果，軍事類共 14 人，死難者 11 人，餘者 1 人轉走臨安，1 人留守州政，1 人遭貶死，政治類 6 人。逢此建炎紹興宋金攻防之際，我們可以得知南宋初期宗室官員對國家的貢獻偏向實際操作，也就是直接以軍事武力抵抗金人入侵、守土緝盜，還有負責徵集糧草供給軍需國用，雖轉徙各地，仍屹立於朝，忠於職守，或理財，或平亂。

　　值得注意的是趙士㒟和趙不尤的事蹟。《宋史·趙士㒟傳》描述其投筆從戎的經歷，並非成績不好，而是志願轉為武職，希望藉此報效國家；〔註58〕趙不尤則是「有武力」，〔註59〕他的兒子趙善悉則朝文發展，考取進士，累官敷文閣直學士、兩浙轉運副使，〔註60〕淳熙九年，（1182）擔任知秀州時，受命修治海鹽縣常豐堈及八十一堰埧。〔註61〕這兩名宗室皆為太宗之後，他們選擇武職而非文職，與仁宗時志願奔赴戰場的七名宗室相呼應，且從趙不尤之子趙善悉的事蹟推論，從文、從武，在宗室間可以自行選擇，兩條路皆有渠道。這也說明宋朝皇帝與宗室，崇文之餘不忘武備，此為祖宗之法；〔註62〕宗室間多有身體力行者，高宗過繼的養子宋孝宗亦以馬術、臂力聞名。〔註63〕

〔註57〕　（宋）劉克莊，《後村先生大全集》（北京：線裝書局，2004 年 1 版），卷 155，7b，〈安撫殿撰趙公墓誌銘〉，收錄於《宋集珍本叢刊》，冊 82，頁 560。

〔註58〕　《宋史》卷 452，列傳 211，〈趙士㒟傳〉，頁 13291。

〔註59〕　《宋史》卷 247，列傳 6，〈趙不尤傳〉，頁 8757。

〔註60〕　《宋史》卷 247，列傳 6，〈趙不尤傳〉，頁 8757。

〔註61〕　《宋史》卷 97，志 50，〈秀州水〉，頁 2415。

〔註62〕　（宋）蔡條，《鐵圍山叢談》（北京：中華書局，1983 年 9 月 1 版），卷 1，頁 3：「（徽宗）太上以政和六七年間，始講漢武帝期門故事。初，出侍（時）左右宦者，必攜從（持）二物，以備不虞。其一玉拳，一則鐵棒也。……鐵棒者，乃藝祖尨微時以至受命後，所持鐵桿棒也。棒純鐵爾，生平持握既久，而尨痕宛然。」

〔註63〕　（宋）岳珂，《桯史》（北京：中華書局，1981 年 12 月 1 版），卷 2，〈隆興按鞠〉，頁 15：「隆興初，孝宗銳志復古，戒燕安之鴆，躬御鞍馬，以習勞事，倣陶侃運甓之意。時召諸將擊鞠殿中，雖風雨亦張油帟，布沙除地。羣臣以宗廟之重，不宜乘危，交章進諫，弗聽。」臂力之事，見（宋）羅大經，《鶴林玉露》（北京：中華書局，1983 年 8 月 1 版），甲編卷 1，〈鐵拄杖〉，頁 16：

無論從文、從武，宗室官員大多主張北伐，光復國土。

而當宋金達成紹興和議達成，伴隨而來的是秦檜專政的形成，這些主張北伐光復國土的宗室官員盡遭排除，因爲他們多反對秦檜用事。就整個宗室命運而言，南宋初期最重要的一場爭議是有關趙士㒟的。他在苗劉兵變時的活躍使他升任知大宗正事，紹興十一年（1141）岳飛入獄，他替岳飛辯護，正觸犯高宗大忌——宗室和領軍將領過於親密，有對皇位造成威脅之嫌，且以士㒟的身份、地位來說，這項懷疑也非沒有依據。結果士㒟被罷職、流放福建，最後死在當地。貶謫士㒟的詔書還命令刑部監察宗室，禁止他們與官員交往。〔註64〕士㒟貶官的詔書中有關宗室與官員交往的禁約，在北宋曾是宗室生活的現實，但在南宋卻難以徹底執行而擱置，或許對南班宗室略有約束，隨著時間推移這層約束也逐漸淡薄化。不過，在限制宗室擔任朝官部分，高宗卻訂定強而有力的戒約。紹興十四年（1144），高宗與趙鼎、秦檜討論宗室的升遷極限，以侍從官爲止，〔註65〕這是開放宗室參加科舉後，禁止其擔任宰執的重要表述。

小　結

宗室是南宋政治中耀眼的一群，雖然受身份疑慮的約束，但因人數眾多，且具有皇權延伸的意義，是故無論皇帝，抑或宗室本身，都無法忽視其存在的價值。在宗室之間，文武之道是可以自由選擇的，靖康之難時，無論從文、從武，他們都在自己的崗位上盡忠職守，主張北伐、收復國土，這和高宗——秦檜的主和路線相悖。最終高宗選擇了主和，並專任秦檜，形成秦檜專制體制。

「（孝宗）壽皇在宮中，常携一漆挂杖，宦官宮妾莫得睨視。嘗游後苑，偶忘攜焉，特命小黃門取之。二人竭力曳以來，蓋精鐵也。上方有意中原，故陰自習勞苦如此。」

〔註64〕《要錄》卷142，紹興十一年十一月丁未條，頁2290。

〔註65〕與趙鼎言，見《要錄》卷97，紹興六年正月乙未條，頁1606：「唐用宗室至爲宰相，本朝宗室雖有賢才不過侍從而止，乃所以安全之也。」與秦檜言，見《要錄》卷152，紹興十四年十一月壬申條，頁2456：「秦檜請以軍器監趙子厚兼權吏部侍郎。檜言：『今日宗室，不可不崇獎，令聚於朝。』上曰：『宗室中之賢者，如嘗中科第，及不生是非之人，可收置行在，如寺、監、祕書省，皆可以處之。祖宗以來，不用宗室作宰相，其慮甚遠，可用至侍從而止。』」又見《宋會要》，〈帝系〉6之17，冊1，頁138。

　　秦檜專制將反對者從中央盡數驅逐，使得反對者屈就地方官，寺地遵認為，這造成秦檜體制的僵硬化，形成反秦檜者從地方包圍中央，令中央政令在地方難以貫徹執行，秦檜機關算盡，仍鬥不過宋高宗和宋孝宗的聯合陣線。〔註 66〕宗室出身的宋孝宗，則試圖對高宗的政治戒約提出挑戰，這在下一章會提到。

〔註66〕《南宋初期政治史研究》，頁 379～385。

第三章 南宋中期的宗室官員和 一般官員

　　歷史具有因果性。引發從紹熙內禪至開禧北伐的連續事件，其導火線為皇位繼承問題，埋下禍根者即是中興之主宋高宗。宋朝祖宗家法，不予宗室實權，至兩宋之際遭逢女真入侵，迫不得已委任宗室以方面之權，然高宗兩度重申宗室任官限制，不得超越侍從官。

　　高宗禪位於孝宗，指定光宗為皇太子，替光宗聘娶李氏為皇后，安排可謂面面俱到，然而李皇后性強悍、好忌妒，甚至當面頂撞高宗、孝宗，謀殺光宗寵愛的黃貴妃、擅自將兩名寵妃嫁入民間、砍斷光宗喜愛的宮女雙手，最終導致光宗身心受創，連孝宗過世都無法主持喪禮，使中外駭懼、洶洶不知所為，才演變成以趙汝愚、留正為首的逼宮政變，而後因賞功不均與韓侂胄、趙彥逾反目，唯一破例成為宰相的趙汝愚因此規約受到攻擊，在位半年便去職貶竄，死於貶謫途中，還牽連推崇他的道學家，造成慶元黨禁、開禧北伐乃至韓侂胄函首謝金，一連串政治、軍事、社經問題，令南宋國力走向頹勢。

第一節　政局發展

一、乾道和議

　　孝宗於紹興三十二年（1162）繼承皇位時已三十五歲。高宗移居德壽宮，至淳熙十四年（1187）過世，享壽八十一為止，孝宗對其奉養周到，甚至獲得

元朝史官的讚揚「能盡宮廷之之孝，未有若帝；其間父子怡愉，同享高壽，亦無有及之者」〔註1〕事實上或如劉子健所言，將孝宗視為宰相驅使，〔註2〕大小事均得經過高宗同意才得實行，〔註3〕孝宗反而得迎合高宗嗜好，討其歡心。〔註4〕

　　孝宗即位之初欲有所作為，曾多次在高宗面前請求北伐，遭養父回以「大哥，俟老者百歲後，爾卻議之」〔註5〕當面拒絕，以及隨朝廷南渡的文武官員逐漸凋零，造成「有恢復之君，而無恢復之臣」，〔註6〕兼以軍紀太壞〔註7〕導致符離之潰，「出師纔遇少衄，滿朝爭論」，〔註8〕只能在乾道元年（1165）和金朝簽定「乾道和議」，繼續走高宗的和平路線，但孝宗仍念念不忘軍備之事，〔註9〕使得金世宗「每戒羣臣積錢穀，謹邊備，必曰：『吾恐宋人之和，終不可恃。』」，〔註10〕故孝宗只好放棄恢復中原的大志。〔註11〕如果說淳熙十四年（1187）前是高宗壓制的結果，後面不如說是外在環境改變造成的既成事實，如非高宗因醫療疏失猝死，〔註12〕孝宗還得繼續忍耐。二十年的時間也讓他忍得夠久，報復起來也很猛烈，但他的報復落在親生兒子光宗身上。

〔註1〕　《宋史》卷35，本紀35，〈孝宗三〉，頁692。

〔註2〕　劉子健，〈包容政治的特點〉，頁53。

〔註3〕　孝宗連立皇后之事都得經過高宗同意，見（宋）李心傳，《建炎以來朝野雜記》，以下簡稱《雜記》，（北京：中華書局，2000年7月1版），甲集卷1，〈成恭夏皇后太皇謝太后〉，頁38。又見（宋）張端義，《貴耳集》（北京：中華書局，1985年新1版），卷下，頁45上，收入《叢書集成初編》，冊2783：「壽皇過南內，德壽問近日臺臣有甚章疏。壽皇奏云：『臺臣論知閤鄭藻。』德壽云：『說甚事？不是說他娶嫂？』壽皇奏云：『正說此事。』德壽云：『不看執柯者面？』壽皇問執柯者誰，德壽云：『朕也。』壽皇驚灼而退。臺臣即時去國。」

〔註4〕　（宋）岳珂，《桯史》卷4，〈壽星通犀帶〉，頁40：「德壽在北內，頗屬意玩好。孝宗極先意承志之道，時周羅人間，以共怡顏。」

〔註5〕　《四朝聞見錄》乙集，〈孝宗恢復〉，頁58。

〔註6〕　（元）劉一清，《錢塘遺事》（臺北：新文豐出版公司，民國78年1版），卷2，〈孝宗恢復〉，1b，收入《叢書集成續編》，冊276，頁290。

〔註7〕　（宋）黎靖德編，《朱子語類》（臺北：文津出版社，民國75年初版），卷131，〈中興至今日人物上〉，頁3141、3146。

〔註8〕　《錢塘遺事》卷2，〈孝宗恢復〉，1b，冊276，頁290。

〔註9〕　《葉適集》卷24，〈施師點墓誌銘〉，頁486：「故終孝宗世，以和為形，以備為實，虜卒不敢背約。」

〔註10〕　《宋史》卷35，本紀35，〈孝宗三〉，頁692。

〔註11〕　《宋史》卷35，本紀35，〈孝宗三〉，頁692。

〔註12〕　《四朝聞見錄》丙集，〈王醫〉，頁106～108：「王涇亦頗宗繼先，術亦有奇驗，然用藥多孟浪。高宗居北宮，苦脾疾，涇誤用瀉藥，竟至大漸。」

凡事精打細算、英明神武的高宗晚年似乎犯下溺愛幼孫的毛病，自作主張替光宗討個漂亮孫媳，李鳳娘的婚事便由高宗拍案，孝宗下聘。〔註13〕事後高宗頗為後悔，對吳皇后抱怨「是婦將種，吾為皇甫坦所誤」〔註14〕孝宗亦屢訓斥李皇后，甚至語帶威脅「宜以（吳）皇太后為法，不然，行當廢汝」〔註15〕李皇后則「疑其說出於（吳）太后」，〔註16〕加上光宗謀誅宦官，「近習皆懼，遂謀離間三宮」，〔註17〕於是使得孝宗與光宗失和，埋下光宗精神失常、紹熙內禪的種子。

二、紹熙內禪

淳熙十六年（1189）金世宗去世，其孫完顏璟繼位，按照乾道和議，孝宗必須尊金主為叔父，這對一個六十歲的老人來說是難以接受的事情；另一方面，是皇太子等得不耐煩。

光宗趙惇並非皇長子，孝宗郭皇后育有四子，除第四子趙恪早夭外，長子趙愭、次子趙愷都已成年，光宗排行第三，按照傳統「立長不立賢」原則，本來是輪不到他當太子，但是趙愭於乾道三年（1167）因醫療疏失過世，〔註18〕高宗夫婦對他的偏愛使他在乾道七年（1171）越次做太子，時年二十四歲。然而孝宗壓根兒不信任，或者說看不起這個兒子。孝宗讓太子參決機務，共議朝政僅具有象徵意義，決策完全在孝宗控制下，太子沒有處理政事的自主權，〔註19〕不久連發言的機會都失去，只能當個看客。〔註20〕

孝宗對高宗長期壓抑的反動從高宗死後一年開始，根據余英時的研究，孝宗從行三年之喪、太子參決到禪位是有對高宗「靜」、「和」體制有計畫的反撲，而三年之喪是隱蔽的批評與反抗，〔註21〕太子參決卻造成皇權分裂，

〔註13〕《宋史》卷243，列傳2，〈慈懿李皇后傳〉，頁8654。
〔註14〕《宋史》卷243，列傳2，〈慈懿李皇后傳〉，頁8654。
〔註15〕《四朝聞見錄》乙集，〈皇甫真人〉，頁56。
〔註16〕《宋史》卷243，列傳2，〈慈懿李皇后傳〉，頁8654。
〔註17〕《宋史》卷243，列傳2，〈慈懿李皇后傳〉，頁8654。
〔註18〕《雜記》甲集，卷1，〈莊文太子〉，頁46。
〔註19〕（宋）周必大，《思陵錄》（臺北：新文豐出版公司，民國85年1版），上卷，27a，頁364：「朕已令太子用賓禮相見，及其所議事皆朕自定，亦令太子每晚來此。」
〔註20〕《思陵錄》上卷，41a，頁371：「上見敷陳要務頗愜意，謂太子曰：『今後不必間日參決，自可每日侍立，只此便是參決。』既退，遂指揮閤門自今後內殿坐，並令太子侍立。」
〔註21〕《朱熹的歷史世界》下冊，〈皇權與皇極〉，頁459。

使得孝宗援引大量道學之士入朝時，反道學的官僚集團也開始包圍參決庶務的太子，〔註22〕最後一項「內禪」預定時間也遭到憲聖吳太后頻頻催促而提前，使得孝宗的政治部署未竟全功。〔註23〕

儘管宋高宗的治世被時人評爲「無休養之功」，宋孝宗則是「無富庶之政」，〔註24〕爲維持半壁江山的長期穩定而採取的重稅政策乃勢不得已之結果，當代人對高宗、孝宗功績仍舊十分推崇，但是太偉大的父祖輩會帶給兒孫輩非常大的壓力，因爲當代人會拿他和父祖的功業比，如果光宗的忍道能媲美他的親生父親倒可相安無事，壞就壞在他耐性不夠，以及李皇后在旁搧風點火。

「三年無改於父之道，可謂孝矣」，〔註25〕光宗即位後三個月，還未改元便罷去孝宗認可的左丞相周必大，令剛禪位的孝宗十分震驚。〔註26〕光宗即位時已年屆四十，爲求掌握權力，和反道學的官僚集團一拍即合。孝宗替他安排的兩名宰相，周必大守成，留正較積極，雙方政見不同，而孝宗希望利用這不同來維持朝局平衡，光宗沒有能力駕馭兩者，只能二選其一，〔註27〕其中留正與虞允文乃兒女親家，當年光宗成爲太子便是虞允文極力促成，〔註28〕而留正仕途頗爲王淮提攜，因此選擇留正，且王淮的派系亦依附留正。

光宗不惑之年即位，渴求權力急於求成之意，不久便顯現出來。彭龜年在其奏章中云：

〔註22〕《朱熹的歷史世界》下冊，〈皇權與皇極〉，頁393。

〔註23〕《朱熹的歷史世界》下冊，〈皇權與皇極〉，頁398。

〔註24〕（宋）袁燮，《絜齋集》（臺北：新文豐出版公司，民國74年初版），卷13，〈龍圖閣學士通奉大夫尚書黃公行狀〉，收入《叢書集成新編》，冊64，頁675、681。

〔註25〕錢穆，《論語新解》（臺北：東大出版社，民國80年8月2版），〈學而篇第一〉，頁19；又見〈里仁篇第四〉，頁139。

〔註26〕（宋）朱熹，《朱文公文集》（臺北：臺灣商務印書館，民國64年3版），續集卷4上，〈答劉晦伯〉，收入《四部叢刊初編》，冊58，頁1828：「時有聖語云：『周有甚黨？卻是王黨盛耳。』」周丞相執政久，士多貌若愿，不心與也。又見《葉適集》卷24，〈李祥墓志銘〉，頁471。

〔註27〕周必大背後有道學勢力，留正則以王淮派爲後臺，見（宋）周必大，《周益公文集》（北京：線裝書局，2004年1版），卷152，〈奉詔錄七‧陸游除郎並朝士薦入御筆〉，1a～3a，收入《宋集珍本叢刊》，冊50，頁316～317。朱熹彈劾唐仲友，而唐爲王淮的親家，故與王淮交惡，見《宋史》卷429，列傳188，〈朱熹傳〉，頁12756；又《宋史》卷396，列傳155，〈王淮傳〉，頁12072。

〔註28〕《雜記》乙集，卷2，〈己酉傳位錄〉，頁515。

而裁制事務似少剛斷，得非於前數者有不足乎？臣近聞群臣有以剛
斷之說勸陛下者矣，臣不知其說果如何也。臣但見陛下近日臨決機
務，自任太過……臣觀近日臺諫之言，稍稍不效，雖聽用，固亦不
少，然或不行，或訓飾，或宣諭而止者，亦不一事也，至於全臺彈
擊，近時罕聞。〔註29〕

彭龜年的奏章客氣的批評光宗的剛斷，勸諫光宗對臺諫應當尊重。此時父子
關係尚未決裂，紹熙元年（1190）留正請立光宗唯一的兒子趙擴爲太子未獲同
意，李皇后便開始起來鬧事。宰相請立太子是慣例，而宋朝立太子的時間通
常都很晚，宋仁宗更是到最後一年（嘉祐七年，1062）才決定立英宗爲太子，
〔註30〕且孝宗一直對未立魏王趙愷爲太子而心懷愧疚〔註31〕而寵愛趙抦，光
宗之子趙擴不太聰明，〔註32〕皇位傳回魏王這一支也非不可能。相較留正委
婉的建議，李后則激進無禮。《齊東野語》形容李皇后「天姿悍妒，既正椒房，
稍自恣」，〔註33〕其父李道出身群盜，並非士大夫或北宋將門之後，且李后生
於軍中，〔註34〕疏於禮法、兇狠暴戾，從以下兩件事可見一斑。史載：

（光宗）帝嘗宮中浣手，睹宮人手白，悅之。他日，后遣人送食合
于帝，啟之，則宮人兩手也。〔註35〕

同樣出自《宋史》，黃貴妃是受到高、孝兩帝認可的命婦，因光宗爲皇太子時
沒有侍姬，而由孝宗作伐，遂專寵，「后妒，每欲殺之」，〔註36〕紹熙二年（1191）
十一月光宗初次行郊禮，夜宿青城齋宮，「后乘便，遂寘之死地。或以聞，上
駭且忿怒，於是遂得心疾」，〔註37〕光宗另外兩名嬪妃也被李皇后趕出宮嫁入

〔註29〕（宋）彭龜年，《止堂集》（臺北：新文豐出版公司，民國74年初版），卷1，
〈論雷雪之異爲陰盛侵陽之證疏〉，收入《叢書集成新編》，冊64，頁10。
〔註30〕《宋史》卷12，本紀12，〈仁宗四〉，頁249。
〔註31〕《雜記》乙集，卷2，〈乙酉傳位錄〉，頁522：「孝宗泫然流涕，謂左丞相趙
雄曰：『朕向來所以越次建儲者，正爲此子福氣稍薄耳，然亦不料其如此之夭
也。』」
〔註32〕（宋）周密，《癸辛雜識》（北京：中華書局，1988年1月1版），續集卷下，
〈寧宗不慧〉，頁190。
〔註33〕（宋）周密，《齊東野語》（北京：中華書局，1983年11月1版），卷11，〈慈
懿李后〉，頁201。
〔註34〕《四朝聞見錄》乙集，〈皇甫眞人〉，頁56。
〔註35〕《宋史》卷243，列傳2，〈光宗慈懿李皇后〉，頁8654。
〔註36〕《齊東野語》卷11，〈慈懿李后〉，頁202。
〔註37〕《齊東野語》卷11，〈慈懿李后〉，頁202。

民間。〔註38〕

　　孝宗對魏王的愧疚感、對趙抦的愛護、光宗對父親的自卑心態、宦官和李皇后從旁推波助瀾，每月四次過宮的「責善」對他產生莫大的心理壓力，內心的苦悶正如陳亮所言：「豈徒一月四朝而以爲京邑之美觀也哉！」〔註39〕

　　陳傅良在紹熙五年（1194）的奏摺中，對光宗的疑慮明白的剖析。其〈直前箚子〉載：

> 陛下不過宮，豈非誤有所疑乎？臣不識陛下何所疑重華耶？道路之言，不以爲責善，則以爲猶吝權。以臣計之，二者皆誤也。且壽皇責善爲天下計，爲社稷宗廟計耳。假使陛下政事修明，人心愛戴，則壽皇之願得矣，尚復何辭？陛下不是之察，豈非誤乎？若曰吝權，則進退百官，必與聞其人；罷行庶政，必與聞其事，而五六年來天下不見其有此也。〔註40〕

陳傅良之言，尚有勸勉之意。袁說友的奏章更爲露骨，指出光宗畏懼過宮乃是因爲孝宗過於疾言厲色。其〈又奏乞過宮狀〉云：

> 設或壽皇聖帝，義方加篤，威顏過嚴；陛下執禮恐違，小心多畏，尤宜勉竭以盡歡愉。豈可因循以圖避免，非惟貽謀於後世，亦將少掩於外觀。……且夫怨忿曰仇，角勝曰敵。仇敵二字言於交遊，施於鄰里，客氣所使，萬一有之，兄兄弟弟猶以爲諱，孰謂父子可與仇敵相似哉？……壽皇何負於陛下，而言笑不接，定省久違，幾於怨忿角勝之爲乎！〔註41〕

指責光宗將孝宗視爲仇敵。此外，李皇后尤爲高宗、孝宗夫婦不喜，曾經譏諷謝皇后非明媒正娶，令孝宗夫婦大怒，孝宗因此特召已退休的史浩入宮商議廢后事宜。〔註42〕

　　爲何光宗會懷疑孝宗有廢立之舉？余英時在《朱熹的歷史世界》中用心理學的角度分析，認爲是孝宗在一月四朝中對光宗當面斥責，導致越到後面

〔註38〕《宋史》卷243，列傳2，〈光宗黃貴妃〉，頁8655。

〔註39〕（宋）陳亮，《陳亮集》（北京：中華書局，1987年1版），卷11，〈廷對〉，頁115～121。

〔註40〕（宋）陳傅良，《止齋先生文集》（臺北：新文豐出版公司，民國78年臺1版），卷25，〈直前箚子〉，3b～4a，收入《叢書集成續編》，冊129，頁261。

〔註41〕（宋）袁說友，《東塘集》（北京：線裝書局，2004年1版），卷13，〈又奏乞過宮狀〉，11b～12b，收入《宋集珍本叢刊》，冊64，頁381。

〔註42〕《齊東野語》卷11，〈慈懿李后〉，頁201～202。

越無法忍受，朝重華宮變成不惜代價也要逃避的痛苦，〔註43〕也正應驗楊萬里前言皇權分裂危機。

過宮與否成為爭奪皇權，乃至於造成光宗精神分裂的因素，演變為朝政上的分歧，道學派和官僚集團的爭執浮上檯面，前者更是堅定要求光宗應盡孝道，中書舍人陳傅良甚至扯著光宗衣服直到御屏後，〔註44〕而徐誼對光宗病情的描述更是言簡意賅。《宋史》記：

> 孝宗疾浸棘，上久稽定省，誼入諫，退告宰相曰：「上慰納從容，然目瞪不瞬，意思恍惚，真疾也。宜禱祠郊廟，進皇子嘉王參決。」
> 〔註45〕

這裡也透露出過去光宗有裝病的前科，然而紹熙五年（1194）四月孝宗患病，光宗仍不去探視，這已經超出皇室家庭的內部問題，即便是朝中對立的道學派、官僚集團難得達成共識，敦促過宮，〔註46〕結果光宗只同意讓嘉王趙擴詣重華宮問疾，舉朝請辭表示抗議，〔註47〕而「（嘉）王至重華宮，壽皇為之感動」〔註48〕令朝臣產生其他想法。孝宗抑鬱而終，光宗精神異常無法執喪，國子司業葉適（1150～1223）便向留正提出立嘉王趙擴為太子的建言，乃至留正為避禍脫身，更進一步提出內禪主張。〔註49〕

〔註43〕《朱熹的歷史世界》下冊，頁497。

〔註44〕《四朝聞見錄》甲集，〈光皇命駕北內〉，頁14：「止齋陳氏傅良，時為中書舍人，於百官班中顯俟上出。上已出御屏，慈懿挽上入，曰：『天色冷，官家且進一杯酒。』卻上輦，百僚暨侍衛俱失色。傅良引上裾，請毋入，已至御屏後，慈懿叱之曰：『這裏甚去處？你秀才們要斫了驢頭！』傅良遂大慟於殿下。」

〔註45〕《宋史》卷397，列傳156，〈徐誼傳〉，頁12084。

〔註46〕《宋史》卷36，本紀36，〈光宗紀〉，頁708～709：「丞相留正等請帝侍疾，正引裾隨帝至福寧殿，久之，乃泣而出。辛未，丞相以下以所請不從，求退，帝命皆退，於是丞相以下遂出城待罪……權刑部尚書京鏜入對，請朝重華宮。庚辰，丞相以下詣重華宮問疾。癸未，起居舍人彭龜年叩頭請奏事，詔令上殿，乃請朝重華宮……丙戌，權戶部侍郎袁說友入對，請朝重華宮。」

〔註47〕《止堂集》卷3，〈論宰執陳乞過宮當賜聽納疏〉，冊64，頁545～546：「竊見近日，廷臣自宰執至於百執事，陳乞陛下過宮，不知幾疏皆不蒙聽納，至一日之間舉朝求去，自古及今蓋未聞有此等事也。」

〔註48〕《宋史》卷36，本紀36，〈光宗紀〉，頁709。

〔註49〕《宋史》卷434，列傳193，〈葉適傳〉，頁12891：「上疾而不執喪，將何辭以謝天下？今嘉王長，若預建參決，則疑謗釋矣。」又見（宋）陳子良，《荊溪林下偶談》（臺北：臺灣商務印書館，民國72年初版），卷3，〈水心能斷大事〉，4a，收入《文淵閣四庫全書》，冊1481，頁504：「水心平生靜重寡言，有雅量，喜慍不形於色，能斷大事。紹熙末年，光廟不過重華宮，諫者盈庭，中

此時朝中能做決定的宰執只剩趙汝愚，經工部尙書趙彥逾、葉適、徐誼等人多方游說、奔走，穩定內外，得到憲聖吳太后首肯才順利完成內禪。〔註50〕

三、韓趙政爭

（一）慶元黨禁

道學在孝宗時便已遭攻擊爲僞學，兵部侍郎林栗指朱熹「本無學術，徒竊張載、程頤之緒餘，以爲浮誕宗主，謂之道學，妄自推尊」，〔註51〕形容他自詡爲孔孟周遊列國之流，並將他屢次推辭出仕的行爲解釋成「邀索高價，妄意要津」，〔註52〕葉適特地上章爲朱熹辯護，因林栗個性淸介褊忿、孝宗祖護朱熹而沒有深究，但僞學之禁卻是由此開端。〔註53〕

現代研究慶元黨禁的人並不多，主因是宋人已得出結論，「侂冑本武人，志在招權納賄、除不附己而已，不能巧爲說以網善類也。」〔註54〕而今日學者多同意之故，黨人五十九人，與「攻黨人名單」對照，其中不乏只是同情道學，或與攻擊者有私怨。如林栗因淳熙十五年（1188）攻擊道學遭懲處而怨恨朱熹、葉適，李沐（生卒年不詳）嘗有求於趙汝愚遭拒，〔註55〕何澹（1146～1219）因難以升遷而有怨於周必大，〔註56〕鄭丙（1121～1194）、王淮（1126～1189）因朱熹攻擊唐仲友而結怨。換言之，這是一場希望維持現狀、以技術官僚爲主體的官僚集團，〔註57〕和意圖排除異己、獨攬大權的韓侂冑合作，對發動政變、主張改革的道學派的反淸洗。

外洶洶。未幾，壽皇將大漸，諸公計無所出，水心時爲司業，御史黃公度使其婿太學生王棐仲溫密問水心曰：『今若更不成服，當何如？』水心曰：『如此卻是獨夫也！』仲溫歸以告黃公，公大悟，而內禪之議起於此。

〔註50〕《齊東野語》卷3，〈紹熙內禪〉，頁37～45；又見（宋）羅大經，《鶴林玉露》（北京：中華書局，1983年1版），甲編卷4，〈紹熙內禪〉，頁63～64；《四朝聞見錄》甲集，〈憲聖擁立〉，頁12～13。

〔註51〕《雜記》乙集，卷7，〈葉正則論林黃中襲僞道學之目以廢正人〉，頁617。

〔註52〕《雜記》乙集，卷7，〈葉正則論林黃中襲僞道學之目以廢正人〉，頁618。

〔註53〕《雜記》乙集，卷7，〈葉正則論林黃中襲僞道學之目以廢正人〉，頁619。

〔註54〕（宋）樵川樵叟，《慶元黨禁》（北京：北京圖書館出版社，2006年1版），收入《宋代傳記資料叢刊》，冊31，頁37。

〔註55〕《宋史》卷392，列傳151，〈趙汝愚傳〉，頁11988。

〔註56〕《宋史》卷394，列傳153，〈何澹傳〉，頁12025。

〔註57〕有關技術官僚與功利主義，即循吏的內在轉變，見鄭丞良，《南宋明州先賢祠研究》（臺北：中國文化大學史學所，博士論文，民國97年6月），頁44。

（二）開禧用兵

開禧北伐兵敗是促成韓侂胄失勢的主因，從而導致他死於政變。先是他所信非人，其甥張嗣古為生辰使歸國時已勸「勿輕信人言」，韓不信外甥之言而寧願相信李壁，〔註58〕為他出謀策劃者只是曾為書吏的蘇師旦，實行者皇甫斌、郭倬等人皆為邊將，士大夫雖提倡北伐、收復中原，卻也知道當時國力不足而未支持。〔註59〕戰敗後，他急於推卸責任，將自己的支持者推出去當代罪羔羊，令他的支持者不自安，從而背叛。〔註60〕第二個原因是寧宗韓皇后過世，韓侂胄屬意曹美人而寧宗喜歡楊氏，最終立為皇后，此事被同情道學的趙汝讜輾轉透露給楊皇后，「后由是怨之，始有謀侂胄之意」。〔註61〕

開禧二年（1206）四川吳曦叛變降金，割關外四郡，金封其為蜀王，北伐諸將中只有鎮江副都統制畢再遇（1148～1217）連戰皆捷，其餘均告失敗，韓侂胄只得遣使方信儒（1177～1222）向金求和，卻因敵國要求韓之首級而拒。〔註62〕

四、嘉定和議

開禧三年（1207），吳曦之亂平定、淮南形勢也趨平穩，韓侂胄欲繼續對金作戰，朝中依附韓侂胄、卻因韓斬殺郭倬及流放抄家蘇師旦的替罪羊行為而自危的大臣形成主和派，與內廷楊皇后、儲君趙曮謀罷黜韓侂胄，寧宗不

〔註58〕《四朝聞見錄》乙集，〈開禧兵端〉，頁87～88。

〔註59〕《宋史》卷434，列傳193，〈葉適傳〉，頁12892～12893：「……竊謂必先審知彊弱之勢而定其論，論定然後修實政，行實德，弱可變而為彊，非有難也……且所謂實政者，當經營瀕淮沿漢諸郡，各為處所，牢實自守。敵兵至則阻於堅城，彼此策應，而後進取之計可言。至於四處御前大軍，練之使足以制敵，小大之臣，試之使足以立事，皆實政也。所謂實德者，當今賦稅雖重而國愈貧，如和買、折帛之類，民間至有用田租一半以上輸納者。況欲規恢，宜有恩澤。乞詔有司，審度何名之賦害民最甚，何等橫費裁節宜先。減所入之額，定所出之費。既修實政於上，又行實德於下。此其所以能屢戰而不屈，必勝而無敗也。」

〔註60〕《齊東野語》卷3，〈誅韓本末〉，頁47：「至此，侂胄始覺為師旦等所誤，遂罷師旦，除名，送韶州安置，仍籍其家財……斬郭倬於鎮江，罷程松四川宣撫使。」

〔註61〕《齊東野語》卷3，〈誅韓本末〉，頁46。

〔註62〕《齊東野語》卷3，〈誅韓本末〉，頁47。方信儒出使沿途收集金朝情報，認為女真已疲，急於求和，我方大可與之討價還價，見《四朝聞見錄》乙集，〈函韓首〉，頁74。

置可否，楊皇后兄妹擔心事洩，決定先下手爲強，選中禮部侍郎、資善堂翊善史彌遠和參政錢象祖，禮部尚書衛涇、著作郎王居安、前右司郎官張鎡皆預其謀，而令史彌遠定殺意者爲張鎡。〔註63〕

當時御批多爲韓侂胄所爲，〔註64〕楊皇后利用這點僞造三道，分付史彌遠、衛涇、錢象祖，張鎡，李孝純，而唯有付予史彌遠等三人的交到殿帥夏震手中，這道僞造的御批便成爲韓侂胄的催命符。書載：

> 震初聞欲誅韓，有難色，及視御批，則曰：「君命也，震當效死。」翌日，震遂遣其帳下鄭發、王斌，邀韓車於六部橋〔註65〕……（侂胄）甫至六部橋，忽有聲諾於道旁者，問爲何人，曰：「夏震。」時震以中軍統制權殿司公事，選兵三百俟於此。復問：「何故？」曰：「有旨，太師罷平章事，日下出國門。」曰：「有旨，吾何爲不知？必僞也。」語未竟，夏挺、鄭發、王斌等，以健卒百餘人，擁其轎以出，至玉津園夾牆內，撾殺之。〔註66〕

由此可知二事，一是御筆多爲韓侂胄所造，二是宋寧宗對身邊的人仍具有相當程度的權威。

最終，金朝要求增歲幣、易弟爲姪和授韓首的條件皆爲南宋接受，就此達成嘉定和議。〔註67〕

第二節　宗室官員表現

一、宰相趙汝愚（1140～1196）

趙汝愚，字子直，寄籍江西餘干縣，太宗系漢恭憲王趙元佐七世孫，以孝悌聞名鄉里，孝宗乾道二年（1166）狀元，因宗室故改爲第二，歷任知信、台州、江西轉運判官、太子侍講、給事中、四川制置使、福建安撫使等職，

〔註63〕《齊東野語》卷3，〈誅韓本末〉，頁47～48。又見《四朝聞見錄》丙集，〈虎符〉，頁91。

〔註64〕《四朝聞見錄》丙集，〈虎符〉，頁91。又見《宋史》卷474，列傳233，〈韓侂胄傳〉，頁13775。

〔註65〕《四朝聞見錄》丙集，〈虎符〉，頁91。

〔註66〕《齊東野語》卷3，〈誅韓本末〉，頁48。

〔註67〕關於是否授韓首有起爭議，反對者認爲有辱國體，支持者力主與其亡國，寧若辱國，最後開侂胄棺砍首送金求和，見《齊東野語》卷3，〈誅韓本末〉，頁50。

資歷完整，依照紹興末孝宗詔令宗室不許注學官和主考官的禁令，至淳熙六年（1179）徹底解除，〔註68〕淳熙八年（1181）即以趙汝愚爲省試別院考試官，〔註69〕因此紹熙四年（1193）任命他爲知貢舉時阻力不大，反對者只有御史汪義端，但同年三月除同知樞密院時卻遭到強力的阻撓，進言者仍是同一人，且提出「高宗聖訓，不用宗室爲宰執」〔註70〕的強力反駁。書云：

> 先是，高宗嘗諭趙鼎曰：「唐用宗室爲宰相，本朝雖有賢才，不過侍從而止，乃所以安全之也。」久之，因執政進擬，又諭秦檜曰：「宗室賢者，如寺監、秘書省，皆可以處之。祖宗不用宗室爲宰執，其慮甚遠也。」然是時宗室至侍從者，亦未有卓然可稱者也。乾道初，汝愚以廷策冠天下，已而趙彥中復以宏博中選，一時皇族尤號得人。至是樞府有闕，壽皇欲用汝愚。〔註71〕

孝宗要用趙汝愚，應是他與道學派間的良好關係，而當時要求光宗過宮探望父親呼聲最大的亦以道學派官員爲首。〔註72〕《宋史全文》載：

> 上謀於壽皇，遂命宰執召當筆學士申諭聖意，謂高宗聖訓本以折秦檜之奸謀，故答詔有「乃若紹興之故，時蓋有爲而言。況我壽皇之疇，咨欲播告於眾。」蓋爲是也。〔註73〕

紹熙五年（1194）六月九日，孝宗駕崩，光宗因病不出來舉辦喪禮，連朝臣奏事都回答反覆。六月二十四日同意立嘉王爲太子，二十六日批「歷事歲久，念欲退閑」，到三十日便封題稍異，留正不敢啓封，直到七月一日，在趙汝愚強迫下，方才拆信，從「正視牘尾，憂形於色，始密爲去計矣」研判，光宗的意向再度變卦，《齊東野語》做了詳細描述：

> 工部尚書趙彥逾，時爲山陵按行使。臨欲渡江，因別汝愚曰：「近事危

〔註68〕 禁令見《雜記》甲集卷13，〈宗室知舉及任學官〉，頁237～238：「淳熙中，既詔宗室省試十人取一，吏部尚書周洪道乃請許充學官及考試。從之。紹熙中，遂命趙子直知貢舉。」

〔註69〕 《雜記》甲集，卷13，〈宗室差試官〉，頁264～265。

〔註70〕 高宗與趙鼎言宗室任外官的極限見《要錄》卷97，紹興六年正月乙未條，頁1606；與秦檜言，見《宋會要》，〈帝系〉16之17，頁138。

〔註71〕 （元）不著撰人，《宋史全文續資治通鑑》（臺北：臺灣商務印書館，民國72年初版），卷28，〈宋光宗〉，31b～32a，收入《文淵閣四庫全書》，冊331，頁526～527。以下簡稱《宋史全文》。

〔註72〕 （明）黃淮、楊士奇編，《歷代名臣奏議》（臺北：臺灣學生書局，民國53年12月初版），卷11～12，〈孝親〉，頁159～186。

〔註73〕 《宋史全文》卷28，〈宋光宗〉，32a～32b，冊331，頁527。

急如此，知院乃同姓之卿，豈容坐視？當思捄之之策可也。」汝愚默然，久之曰：「今有何策？事急時，持刀去朝天門，叫幾聲，自割殺耳。」彥逾曰：「與其如此死，不若如是死。」且云：「聞上有御筆八字，果否？」汝愚曰：「留丞相丁寧莫說。今事急矣！與尚書說亦不妨。」彥逾曰：「既有此御筆，何不便立嘉王？」汝愚驚曰：「向嘗有立儲之請，尚恐上怒。此事誰敢擅當？且看慈福、壽成兩宮之意如何？」彥逾曰：「留丞相以足跌求去，天付此一段事業與知院，豈可持疑？禪祭在近，便可舉行。」汝愚曰：「此是大事，恐未易倉卒，亦須擇一好日。」遂取官曆檢視，適是日甲子吉。彥逾曰：「帝王即位，即是好日。兼官曆又吉，何疑？事不容緩，宜亟行之，亦順事也。」〔註74〕

同事可見《宋史·趙汝愚傳》，記載如下：

> 會工部尚書趙彥逾至私第，語及國事，汝愚泣，彥逾亦泣，汝愚因微及與子意，彥逾喜。〔註75〕

爾後趙彥逾親自前往說服殿帥郭杲，葉適、徐誼透過知閤門事韓侂冑稟報憲聖吳太后，輾轉由慈福宮提舉張宗尹、重華宮提舉關禮告知內禪計畫，獲得太后首肯，遣閤門舍人傅昌朝密製黃袍，最後由趙汝愚擬稿內禪詔書。

　　大抵《宋史》記載與《齊東野語》、《四朝聞見錄》、《鶴林玉露》相合，所差異者在部分細節，謀畫者應對間的主被動，主事者當以趙汝愚、趙彥逾、葉適、徐誼無誤，韓侂冑為從中穿針引線，負責聯絡者。

　　綜觀《宋史》、當代人筆記與近年研究成果，大多讚賞趙汝愚公忠體國、奮不顧身的氣度。筆者無意推翻此論，只於眾多史籍資料佐證下指出趙汝愚的侷限性，而其與朱熹派道學關係密切，因此筆者將從朱熹的簡略宦途切入。

　　朱熹自許為程頤的傳人，當時王學當道、禁止程學的環境下對他的學術本就不利，再加上他決心效法孟子仁民愛物，任地方官時致力於振興經濟、學術、賑濟饑荒、導正風俗，為平民利益發聲，而不容於當權者，唐仲友事件更凸顯此一跡象，朝廷的形式主義降低他當官的意願，屢次使用私人理由，特別是健康不佳來拒絕出仕。〔註76〕

〔註74〕《齊東野語》卷3，〈紹熙內禪〉，頁39～40。

〔註75〕《宋史》卷392，列傳151，〈趙汝愚傳〉，頁11985。

〔註76〕謝康倫（Conrad M. Schirokauer），〈朱熹的政治生涯：一項內心衝突〉，收入《中國歷史人物論集》，中山學術文化基金會，1973年初版，頁219～256。

　　趙汝愚的爲官經歷大部分是外任，在臨安任職的時間反而不長。以下就他的任官經歷製作表格：

表 3-1：趙汝愚任官一覽表

時　　間	職　　位	資料來源
孝宗乾道二年（1166）	宗室狀元、左宣義郎、簽書寧國軍節度判官，丁母憂未赴任。	《宋史》卷 392，列傳 151，〈趙汝愚傳〉，頁 11981。
乾道五年（1169）	除祕書省正字。	《宋史》卷 392，列傳 151，〈趙汝愚傳〉，頁 11982。
乾道六年（1170）	著作佐郎，丁大母憂，去職。	《宋史》卷 392，列傳 151，〈趙汝愚傳〉，頁 11982。
乾道九年（1173）	以左宣教郎守信州。	《同治上饒縣志》卷 18，〈名宦〉，頁 1205～1209。
淳熙二年（1175）三月二十一日	以左奉義郎知台州。	《嘉定赤城志》卷 8，〈秩官門‧歷代郡守〉，頁 7141。
淳熙二年（1175）十月二日	除江西轉運判官，至淳熙五年丁父憂去職。	《嘉定赤城志》卷 8，〈秩官門‧歷代郡守〉，頁 7141。
淳熙七年（1180）六月	吏部侍郎兼太子侍講，轉祕書少監。	《宋史》卷 392，列傳 151，〈趙汝愚傳〉，頁 11982。
淳熙八年（1181）三月	兼權給是中，28 日吏部侍郎兼太子右庶子。	《宋史》卷 392，列傳 151，〈趙汝愚傳〉，頁 11982。
淳熙九年（1182）七月	以集英殿修撰帥福建。	《宋史》卷 392，列傳 151，〈趙汝愚傳〉，頁 11982。
淳熙十二年（1185）十二月	轉任四川制置使兼知成都府。	《宋史》卷 35，本紀 35，〈孝宗三〉，頁 684。
淳熙十四年（1187）	吐蕃青羌首領三開叛亂，汝愚募義勇軍、以重賞離間群蠻，孤立三開。	（明）曹學佺，《蜀中廣記》（臺北：臺灣商務印書館，民國 72 年初版），卷 32，〈邊防記第二‧川西二〉，15a，收入《文淵閣四庫全書》，冊 591，頁 415。
淳熙十五年（1188）四月	吐蕃青羌首領三開憂死，青羌之亂平。	（宋）劉光祖，〈宋丞相忠定趙公墓誌銘〉，11a，收入《宋代蜀文輯存》卷 71，下冊，頁 905。 （明）曹學佺，《蜀中廣記》卷 32，〈邊防記第二‧川西二〉，15a，收入《文淵閣四庫全書》，頁 415。
淳熙十六年（1189）二月	知太平州。	《宋史》卷 392，列傳 151，〈趙汝愚傳〉，頁 11983。

光宗紹熙元年（1190）十一月	進敷文閣學士，福建安撫使兼知福州。	《宋史》卷 392，列傳 151，〈趙汝愚傳〉，頁 11983。
紹熙二年（1191）二月	以盜發所部，降秩一等。	《宋史》卷 36，本紀 36，〈光宗〉，頁 700。
紹熙二年（1191）九月	召為吏部尚書。	《宋史》卷 36，本紀 36，〈光宗〉，頁 701。 《宋史》卷 392，列傳 151，〈趙汝愚傳〉，頁 11983。
紹熙四年（1193）三月	除同知樞密院事、知貢舉。	《宋史》卷 392，列傳 151，〈趙汝愚傳〉，頁 11983。 《雜記》甲集，卷 12，〈宗室知舉及任學官〉，頁 238。
紹熙四年（1193）六月	除知樞密院事。	《宋史》卷 36，本紀 36，〈光宗〉，頁 706。
紹熙五年（1194）七月	任樞密使。	《宋史》卷 213，表四，〈宰輔四〉，頁 5588。
紹熙五年（1194）八月	任右丞相。	《宋史》卷 213，表四，〈宰輔四〉，頁 5588。
寧宗慶元元年（1195）二月	罷為觀文殿大學士，出知福州。	《宋史》卷 213，表四，〈宰輔四〉，頁 5590。 《宋史》卷 37，本紀 37，〈寧宗一〉，頁 718。
慶元元年（1195）二月	甲申，謝深甫等再劾汝愚，詔與宮觀。	《宋史》卷 37，本紀 37，〈寧宗一〉，頁 718。
慶元元年（1195）七月	落觀文殿大學士，罷宮觀。	《宋史》卷 37，本紀 37，〈寧宗一〉，頁 719。
慶元元年（1195）十一月	責授寧遠軍節度副使，永州安置。	《宋史》卷 37，本紀 37，〈寧宗一〉，頁 720。
慶元二年（1196）一月	趙汝愚薨於衡陽。	〈宋丞相忠定趙公墓誌銘〉，14b，頁 906。

　　由上表對照趙汝愚事蹟，知其兩度知福州兼福建安撫使，首任任內盡心盡力造福地方，以至於再度就任的時間雖短，仍受到地方仕紳熱烈歡迎，與朱熹不同的地方是他為官意願極高，很少因當權者與他不合就拒絕出仕。〔註77〕

　　趙汝愚參與紹熙內禪的功績無庸置疑，問題究竟是否有史書讚揚的那樣高？顯然不是。當葉適、徐誼決定讓光宗退位、嘉王登基時，他只想到「事急時，持刀去朝天門，叫幾聲，自割殺耳」〔註78〕，還是趙彥逾從旁勸說、

〔註77〕楊文新，〈宗室宰相趙汝愚與福建〉，收入《陝西師範大學學報・哲學社會科學版》，2005 年 5 月第 33 卷第 3 期，頁 83～88。
〔註78〕《齊東野語》卷 3，〈紹熙內禪〉，頁 39～40。

活動殿帥郭杲、葉適徐誼透過韓侂冑等人取得吳太后首肯，趙汝愚所作的不過是「擬稿內禪詔書」而已。

寧宗即位後趙汝愚以功特進爲樞密使，應請求召回留正，未幾以卜山陵意見不合將留正調判建康府，趙汝愚成爲宋朝第一個宗室宰相，儘管他一再表示只擔任到孝宗喪禮結束，並且把冀望位列宰執的趙彥逾外放爲四川制置使、授予想要節鉞的韓侂冑觀察使兼樞密都承旨，令兩人大爲不滿而倒戈相向。在趙汝愚心裡這一切都是爲了國家穩定，出於高尚的心態，從而否認立益交換的可能性，這種政治上的潔癖使他沒有接受葉適的勸告。

「宗室不得爲宰執」是高宗訂定，充其量算政治戒約，孝宗卻執意打破，或許可視爲對高宗的反動。爲什麼趙汝愚還會被此約輕易扳倒？除去倒戈的趙、韓因素，一來是他的後臺孝宗已死，二來寧宗是光宗親生，趙汝愚的宗室身分反過來對皇位造成威脅，這點他本身很清楚，故堅持不肯就任右丞相、援引趙彥逾爲宰執。而他所犯最大的錯誤便是沒有拉攏趙彥逾或韓侂冑其中之一，凸顯道學對包容政治的嫌惡特性。

二、其他宗室官員

（一）趙彥逾（1130～1207）

趙彥逾，字德先，魏悼王後代，紹興三十年（1160）進士，淳熙五年（1178）知秀州。以太府寺卿、四川總領入蜀，遏止吳挺浮報公款的貪污行徑；改知鎮江府時有效的賑饑和防止浪費。

因曾有恩於殿帥郭杲，紹熙內禪時親自說服郭氏，獲得其支持，卻因趙汝愚「我輩宗臣，不當言功」之故出爲四川安撫制置使，兼知成都府，由是忌恨，與韓侂冑謀汙趙汝愚。〔註79〕

嘉泰間，知明州兼沿海制置使，嘉定元年（1208）突然遭到罷免，且不復出仕。《宋史》對此解釋：

> 其兩入蜀皆有聲。然吳氏世守武興，兼利西安撫，操重權。吳挺卒，朝廷用丘崈議，併利西安撫於東路，以革世將之弊。而彥逾奏復利西安撫，乃領以武帥。其後吳曦因之以生變，人以是咎彥逾云。〔註80〕

把吳曦叛變的罪過，歸咎於趙彥逾的決斷。

〔註79〕《宋史》卷405，列傳164，〈王居安傳〉，頁12252。
〔註80〕《宋史》卷247，列傳6，〈趙彥逾傳〉，頁8767。

（二）趙師𥇜（1149～1217）

趙師𥇜，字從善，系出燕懿王，淳熙二年（1175）進士，[註81] 是韓侂冑執政十年中關係最密切、政治上最顯赫的宗室官員。他的父親伯驌「少從高宗于康邸，以文藝侍左右」，[註82] 可能是這個原因受到孝宗注意。政治上以善理財、平抑物價、能斷案聞名，曾四次擔任臨安府尹。葉適在其墓誌銘內載爲：

> 廋情匿姦，懸見立剖，猝需亟求，趣具曲應，巷夫街叟，夸讚相續，皆曰：「長安門戶百萬，皆若趙尚書親履其家。我曹情僞如山海，非趙尹豈能徧識。」[註83]

葉水心對趙師𥇜的讚美，是否可視爲諛墓之詞？因與《宋史》記錄有顯著差異。《宋史》載：

> 韓侂冑用事，師𥇜附之，遂得尹京。侂冑生日，百官爭貢珍異，師𥇜最後至，出小合曰：「願獻少果核侑觴。」啓之，乃粟金蒲萄小架，上綴大珠百餘，眾慚沮。侂冑有愛妾十四人，或獻北珠冠四枚於侂冑，侂冑以遺四妾，其十人亦欲之，侂冑未有以應也。師𥇜聞之，亟出錢十萬緡市北珠，製十冠以獻。妾爲求遷官，得轉工部侍郎。侂冑嘗飲南園，過山莊，顧竹籬茅舍，謂師𥇜曰：「此眞田舍間氣象，但欠犬吠雞鳴耳。」俄聞犬嗥叢薄間，視之乃師𥇜也，侂冑大笑久之。以工部尚書知臨安府。[註84]

《宋史》將其形象描寫得極爲不堪。對照其墓誌銘可得知，趙師𥇜雖依附韓侂冑得勢，但絕非僅以阿諛奉承爲能。《葉適集》載：

> 鹽場官有贓負，既劾治，反爲所陷，罷。……游士乞索不厭，毀短公，復罷，提舉雲臺觀。[註85]

而《宋史》提及「武學士柯子沖、盧宣德以事至府，師𥇜擅撻遣之，眾盡譁，文武二學之士交投牒，師𥇜乃罷免，與祠」[註86] 之事與前述事蹟對照，極可能是他受毀謗的主因，周密爲其辯誣。據載：

〔註81〕《葉適集》卷24，〈兵部尚書徽猷閣學士趙公墓誌銘〉，頁474。
〔註82〕《宋史》卷247，列傳6，〈趙師𥇜傳〉，頁8748。
〔註83〕《葉適集》卷24，〈兵部尚書徽猷閣學士趙公墓誌銘〉，頁476。
〔註84〕《宋史》卷247，列傳6，〈趙師𥇜傳〉，頁8749。
〔註85〕《葉適集》卷24，〈兵部尚書徽猷閣學士趙公墓誌銘〉，頁475。
〔註86〕《宋史》卷247，列傳6，〈趙師𥇜傳〉，頁8749。

而茂陵乃守成之君，無意茲事，任情妄動，自取誅僇，宜也。身隕
之後，眾惡歸焉；然其間是非，亦未盡然。若《雜記》所載，趙師𥇦
犬吠，乃鄭斗所造以報撻武學生之憤。至如許及之屈膝，師𥇦賣士寅
狗竇，亦皆不得志抱私讎者撰造醜詆，所謂僭逆之類，悉無其實。
李心傳，蜀人，去天萬里，輕信紀載，疏舛固宜。而一朝信史，乃
不擇是否而盡取之，何哉？〔註87〕

解釋為何《宋史》將趙師𥇦描繪得如此不堪的緣故，乃是時人造謠。除了周密
外，宋人葉紹翁持相同看法。《四朝聞見錄》云：

師𥇦因撻右庠士，二學諸生羣起伏闕，詣光範訴師𥇦。時史相當國，
不欲輕易京尹，施行稍緩。諸生鄭斗祥輩遂撰為嘗學犬吠于南園之
村莊，又舞齋郎以悅侂胄之四夫人，以是為詩，以擠師𥇦于臺諫。〔註
88〕

兩相對照，可說明趙師𥇦在當時的形象，並沒有如此不堪，而趙師𥇦厭惡游士
的性格，造成他與三學生直接衝突，最終因不實謠言罷官。

小　結

在此引周密之言，為光、寧宗兩朝政爭導致南宋中衰的三次重大事件為
本章結尾：

自此，十年專政，肇開兵端，身殞國危。在侂胄固不足責，而當時
諸君子馭之亦失其道，有以致之也。〔註89〕

包容政治講求上自皇帝，下至村里甲頭戶長都在分贓，而紹熙內禪後的政治
紛爭即是因分贓不均而引起。從《宋史》看趙汝愚傳其人生平，也難怪道學
家推崇他，但也犯了陳義過高的大誤。而且他以宗室居相位，已觸犯高宗「僅
止於侍從」的規定，怎可不攏絡趙彥逾、韓侂胄？難怪周密會引用劉克莊之
言：「是殆以雅流自居，而不屑俗事耳。」〔註90〕而諷刺道學「以致萬事不理，
喪身亡國」。〔註91〕

〔註87〕《齊東野語》卷3，〈誅韓本末〉，頁51。
〔註88〕《四朝聞見錄》戊集，〈犬吠村莊〉，頁195。
〔註89〕《齊東野語》卷3，〈紹熙內禪〉，頁45。
〔註90〕《癸辛雜識》後集，〈雅流自居〉，頁95。
〔註91〕《癸辛雜識》續集下，〈道學〉，頁170。

第四章　南宋晚期政局與宗室官員

　　寧宗朝發生開禧北伐（1206）和南侵（1217～1224）兩場對金戰役，使得南宋國勢由盛轉衰，內部則因皇位繼承問題導致權相相繼而立，張金嶺、吳擎華以希臘的「僭主政治」〔註1〕來形容此時期的政局，並指出道學面對篡位者和權相掌權的朝廷的兩難，〔註2〕使得地方與中央產生疏離感，而「霅川之變」更成為貫通晚宋迄亡國的重大爭執，甚至影響士大夫對朝廷的向心力。〔註3〕

　　晚宋理宗、度宗時期長達五十年之久，無論在政治、軍事、社會、經濟均面臨困局，而理宗堪稱將包容政治發揮得最透徹的皇帝，因而將此作法的負面效果徹底揭露；「霅川之變」令理宗先不敢恢復濟王名譽，後亦不肯為其立嗣，對其他宗室官員，恪守高宗「止於侍從官」的祖訓，大多數的宗室官員被分派到地方任職，甚至有擔任帥臣者。

〔註1〕 僭主政治是指凡以暴力奪取政權，而其祖先並非帝王者，見逯扶東，《西洋政治思想史》（臺北：三民書局，民國 59 年初版），頁 20，註釋 3；暴君（僭主）所使用的是武力統治，是恐怖高壓的手段……一個暴君指貪求財富權力，彼等多為梟雄，支持人民以壓制貴族，施用毒害暗殺種種殘酷的方法……或製造戰爭，使人民效命疆場，一方面無暇內顧，一方面又必須擁護暴君為首領，見同書第四章，〈亞里斯多德・政體優劣的分析〉，頁 77。

〔註2〕 張金嶺、吳擎華，〈晚宋理學家對僭越權力的加入、疏離與抗爭——立足於晚宋時期理學家為濟王鳴冤的考察〉，《四川師範大學學報社會科學版》，第 30 卷第 4 期，頁 91～99。

〔註3〕 方震華，〈轉機的錯失——南宋理宗即位與政局的紛擾〉，收入《臺大歷史學報》第 53 期，2014 年 6 月，頁 30～31。又見方震華，〈破冤氣與回天意——濟王爭議與南宋後期政治（1225～1275）〉，收入《新史學》27 卷 2 期，2016 年 6 月，頁 31～33。

史彌遠之死、宋理宗親政與端平入洛三者息息相關，理宗為擺脫已故丞相的陰影，兼以洗刷篡奪濟王竑皇位的汙名，以鄭清之為相、起用道學家真德秀（1178～1235）、魏了翁（1178～1237）等人，實行更化，號稱小元祐，但因先天得位不正之故而興「端平入洛」之師，賭上國運的收復三京行動慘敗，致使兩國兵禍連結四十年，致使怠政，沉溺酒色、任用近習，陽崇理學而徒具空談，晚年重用賈似道以圖挽救國運，其後即位的度宗，在位十年乃南宋最後穩定的時期，然而推行之公田法、打算法〔註4〕等危機處理措施卻加速包容政治所凝聚的向心力瓦解，終因內無輔佐之臣，外缺禦邊之將，慘遭厓山之覆。

第一節　政局發展

一、鄭清之任事

史彌遠獨吞誅韓侂胄之功，廢殺濟王趙竑（？～1225），矯詔立理宗，權傾朝野達二十六年，終於在紹定六年（1233）過世，在世期間主導與金的嘉定和議、〔註5〕抵抗金宣宗南侵、〔註6〕策劃藉忠義軍收復山東未果、誅殺李全，〔註7〕力圖為南宋爭取和平穩定，對金政策從最初的挾金以為屏障，〔註8〕到「邊將自為之」，〔註9〕充分展現策略彈性，其一手掌握政、軍、財權，使

〔註4〕 「打算」一詞的含義，參諸宋人文獻，其意思為核算，會計，可見賈似道實行的打算法是在蒙古退軍，形勢暫時緩解的情況下，對在外諸軍進行的一次大範圍的財務審計，見王青松，〈從劉整叛宋論南宋的「打算法」及其末期的軍政危機〉，《西北大學哲學社會科學版》，2008年3月，第38卷第2期，頁71。

〔註5〕 嘉定和議內容包括宋尊金為伯，增加每年歲幣至銀三十萬兩、絹三十萬匹及納犒軍錢三百萬兩，金朝則歸還南宋失地，見（元）脫脫等撰，《金史》（北京：中華書局，1975年7月1版），卷98，列傳36，〈完顏匡傳〉，頁2169～2172。

〔註6〕 金宣宗南侵，戰事從嘉定十年（1217）至嘉定十七年（1224）金哀宗與南宋議和為止，《金史》卷106，列傳44，〈朮虎高琪傳〉，頁2345；又《金史》卷17，本紀17，〈哀宗守緒上〉，頁376。

〔註7〕 《宋史》卷477，列傳236，〈李全下〉，頁13842。

〔註8〕 《四朝聞見錄》甲集，〈請斬喬相〉，頁23：「喬行簡云：『強韃漸興，其勢已足以亡金。金，昔吾之讎也，今吾之蔽也。古人唇亡齒寒之轍可覆，宜姑與幣，使得拒韃。』史相以為行簡之為慮甚深……」表示史彌遠贊同喬行簡的看法。

〔註9〕 （宋）程珌，《洺水集》（臺北：臺灣商務印書館，民國60年1版），卷4，〈邊

得理宗即位十年「淵默無爲」，〔註10〕直到過世前已然爲南宋政局奠下名爲「穩定」的基礎，而他在世的最後一年兌現了對鄭清之（1176～1251）的政治支票，〔註11〕令鄭氏成爲右丞相兼樞密使，這意味著認可鄭清之爲他的政治接班人。大體而言，史彌遠在其生前即已規畫好身後國家走向，所未料到的是鄭清之起「勝心」，〔註12〕引發鄞人集團內鬨。

鄭清之，字德源，慶元府鄞縣（今浙江寧波）人，嘉定十年（1217）進士。〔註13〕他與史彌遠既是同鄉又是同謀，與宋理宗有師徒關係，本人又是道學家，〔註14〕具有太平宰相的資質，〔註15〕端平元年（1234）理宗親政，他即藉著皇帝對他的信任，貶謫史彌遠任用的鷹犬李知孝、梁成大、莫澤，〔註16〕拔擢史彌遠在世時罷黜的道學家，如眞德秀、魏了翁等人，迅速在理宗身邊建立道學集團，〔註17〕達到收攬人心的效果。然宋理宗得位不正，對道學家的態度「任之不專，信之不篤」；〔註18〕鄭清之地位不穩，史嵩之（1189～

幣議〉，7b～8a，收入《四庫全書珍本》三集，冊 243。

〔註10〕 （宋）黃震，《古今紀要逸編》（臺北：新興書局，民國 67 年 1 版），1a，收入《筆記小說大觀》，冊 23，頁 3。

〔註11〕 《宋史》卷 246，列傳 5，〈鎭王竑傳〉，頁 8736：「一日，彌遠爲其父飯僧淨慈寺，獨與國子學錄鄭清之登惠日閣，屏人語曰：『皇子不堪負荷，聞後沂邸者甚賢，今欲擇講官，君其善訓迪之。事成，彌遠之坐即君坐也。然言出於彌遠之口，入於君之耳，若一語洩者，吾與君皆族矣。』」

〔註12〕 勝心一詞解釋爲人欲，見（宋）楊時，《龜山集》（臺北：臺灣商務印書館，民國 62 年初版），卷 12，〈語錄三〉，21a～21b，收入《四庫全書珍本》四集，冊 256；南宋陸九淵亦提勝心之害，見《象山先生文集》（北京：線裝書局，2004 年 1 版），〈語錄卷一〉，15a，收入《宋集珍本叢刊》，冊 64，頁 160。

〔註13〕 《後村先生大全集》卷 170，〈丞相忠定鄭公行狀〉，1b，冊 82，頁 713。

〔註14〕 《宋史》卷 414，列傳 173，〈鄭清之傳〉，頁 12419。

〔註15〕 《齊東野語》卷 18，〈前輩知人〉，頁 336：「趙忠肅（方）開京西閫日，鄭忠定丞相清之初任夷陵教官，首詣臺參。鄭素癯瘁，若不勝衣，趙一見即異待之。延入中堂，出三子，俾執師弟子禮，踧踖不自安，旁觀怪之。即日免衙參等禮以行，復命諸子餞之前途，且各出《雲萍錄》書之而去。他日，忠肅問諸郎曰：『鄭教如何？』長公答曰：『清固清矣，恐寒薄耳。』公笑曰：『非爾所知。縱寒薄不失爲太平宰相。』」

〔註16〕 《錢塘遺事》卷 2，〈史彌遠〉，10b，冊 276，頁 294：「史彌遠開禧丁卯爲禮部侍郎，與楊太后誅侂胄，其事甚祕。……彌遠爲相十七年，如眞德秀、魏了翁者，皆遭斥逐……理宗之立，又獨相九年。用余天錫、梁成大、李知孝等列布於朝。最用事者，薛極、胡榘、聶子述、趙汝述，時號四木。」罷黜梁成大、李知孝、莫澤，見《宋史》卷 41，本紀 41，〈理宗一〉，頁 801～802。

〔註17〕 《宋史》卷 414，列傳 173，〈鄭清之傳〉，頁 12420。

〔註18〕 《宋史》卷 406，列傳 165，〈崔與之傳〉，頁 12262。

1257）挾聯蒙滅金之功，又獻八陵露布，有覬覦丞相的野心。師徒二人面臨共同危機，決定以國運為籌碼奮力一搏，此為「端平入洛」之張本。

二、端平入洛

（一）端平入洛前後的爭執

端平元年（1234），南宋與蒙古圍攻蔡州，金哀宗自縊、末帝陷陣以沒，金朝滅亡，史嵩之即獻八陵圖和露布，趙范、趙葵兄弟則上「守河據關」之策。同年四月十三日，理宗下詔朝廷議論和戰攻守事宜，〔註19〕吳潛（1195～1262）率先上奏，言用兵河南、入洛之非。〔註20〕

然而朝廷中尚在議論，前線將領便「秉承上意」私自出兵，邊疆帥臣之間不合，京湖制置使史嵩之、四川制置使趙若吶（生卒年不詳）均反對向蒙古開戰，入三京之師得不到這兩路的補給支援；朝中真德秀、魏了翁、吳潛、吳泳（生卒年不詳）、劉克莊（1187～1269）等有識之士均反對出兵。

劉克莊在端平元年（1234）九月，端平入洛失敗後上的〈備對箚子〉中陳述敗盟之非。其文曰：

> 臣妄謂金之與韃，雖均為夷狄，然待之要自不同。金，吾讎也；韃，吾鄰也。斬使焚幣，所以待讎也；羈縻勿絕，所以待鄰也。與金通好，是以待鄰之道待讎也；與韃尋釁，是以待讎之道待鄰也。既失于前，不可復失于後，國家異日豈能不與韃和？但其事在鄰數年之外，此數年之內修實政，養力使，士馬強，保障厚，藩籬固，可以與之戰，則可以與之和矣。〔註21〕

劉克莊認為金是仇敵，而蒙古是鄰居，不應用對待仇敵的方式對待蒙古，如懼怕蒙古勢力，應先充實國力，才有本錢和蒙古和、戰。

王邁（1184～1248）於端平二年〈乙未館職策〉裡所說：「我雖指三京為吾之故疆，彼乃指以為亡金之故巢，如之何而以為版圖可復，機會可乘也。」〔註22〕指出入洛乃邊將求功的舉動，對蒙古是破壞盟約的挑釁行為。

〔註19〕 《宋史全文》卷32，27b～28a，冊331，頁680～681。

〔註20〕 （宋）吳潛，《履齋遺集》（臺北：臺灣商務印書館，民國60年1版），卷4，〈上廟堂書〉，14b～19a，收入《四庫全書珍本》二集，冊306。

〔註21〕 《後村先生大全集》卷51，〈備對箚子〉，5b，冊81，頁356。

〔註22〕 （宋）王邁，《臞軒集》卷1，〈乙未館職策〉，37a，收入《四庫全書珍本》初集，冊326。

　　吳泳〈論恢復和戰事宜箚子〉，解釋恢復是「復者興衰撥亂之名，而恢則有拓地開疆之意」，並認為「用之於乾淳全盛之時則為可，而端平驟謀北伐，則為未可也」，〔註23〕文末更直指主使者為理宗。

　　大體而言，此次恢復端平入洛，是趙范、趙葵兄弟和全子才倡之，鄭清之和之，宋理宗允之，故於興師前集臣僚議和戰，群臣以為不可，邊臣北伐之師已行，使會議流於形式，大失人心，終因將帥不協、補給不濟，潰師而回。「端平入洛」事件中，理宗扮演主使者的角色，企圖以中興君主掩飾篡位者污名；鄭清之是史彌遠的接班人，宋理宗的老師，也是謀害濟王竑的同謀，這使得以道學自負的他不自安，尋求將功補過的心理補償，以及地位不穩的因素在背後驅動；趙范、趙葵兄弟與鄭清之、全子才有師生之誼，和史嵩之又不合，後者立下聯蒙滅金的大勳業，令趙氏兄弟起競爭意識，又窺知理宗希冀恢復中原、鄭清之地位不穩的擔憂，三方一拍即合，拿國運來闊撲，將南宋朝衰頹的陡坡狠推一把。〔註24〕

（二）端平入洛後的政局

　　端平入洛失敗後，朝臣追究責任，除統兵將領盡數削官懲處外，力主出兵的鄭清之成為眾矢之的。祕書監兼崇政殿說書杜範（1182～1245）本就反對出兵，此時緊追不捨，堅持要他為兵敗負責，鄭清之覺得他很麻煩，把他調為太常寺少卿，轉對時杜範大發議論，直指當時弊病。其言：

> 今日之病，莫大於賄賂交結之風。名譽巳隆者貫左右之譽以固寵，宦遊未達者惟梯級之求以進身。邊方帥臣，黃金不行於反間，而以探刺朝廷；厚賜不優於士卒，而以交通勢要。以致賞罰顛倒，威令慢褻，罪貶者拒命而不行，棄城者巧計以求免，提援兵者召亂而肆掠，當重任者怙勢而奪攘。下至禁旅，驕悍難制，監軍羣聚相剽劫。
> 〔註25〕

嚴厲批評文臣崇尚虛名互相標榜、武將鑽營巴結權貴的風氣，反而忽略對基層的照顧，打敗仗、棄城者用各種非法手段逃避應負的罪責。之後屢次請辭，

〔註23〕　（宋）吳泳，《鶴林集》（臺北：臺灣商務印書館，民國 24 年 1 版），卷 18，〈論恢復和戰事宜箚子〉，10b～11a，收入《四庫全書珍本》初集，冊 313。

〔註24〕　黃寬重，〈辨「端平入洛敗盟」〉（臺北：新文豐出版公司，民國 74 年 8 月 1 版），收入《南宋史研究集》，頁 19～30。

〔註25〕　《宋史》卷 407，列傳 166，〈杜範傳〉，頁 12281。

理宗不允許，便於講筵上極言臺諫失職之弊。《宋史》載其言：

> 臣嘗冒耳目之寄，輒忤宰相，至煩陛下委曲調護，今又使居向者負芒之地，豈以臣絕私比，而其言猶有可取耶？……陛下自端平親政以來，召用正人以振臺綱，未幾而有委曲調護之弊，其所彈擊，或牽制而不行，其所斥逐，復因緣以求進。臣於入臺之初，固已力言之，不惟不之革，而其弊滋甚，甚至節貼而文理不全，易寫而臺印無有，中書不敢執奏，見者為之致疑。不意聖明之時，其弊一至於此。陛下以其言之不可用，又從而超遷之，則是臺諫之官，專為仕途之捷徑。陛下但知崇獎臺諫為盛德，而不知阻抑直言之為弊政，則陛下外有好諫之名，內有拒諫之實，天下豈有虛可以蓋實哉。〔註26〕

杜範嚴厲批評理宗的「包容」手段，實為拒諫，爾後更加嚴厲攻擊鄭清之和他的兒子，且牽連簽書樞密院事李鳴復（生卒年不詳）與史寅午（生卒年不詳）、彭大雅（生卒年不詳），宋理宗以清之為自己的老師不便懲處，李鳴復也沒有重大過失，打算敷衍過去；真德秀意圖息事寧人，充當和事佬，「此皆前權臣玩愒之罪，今日措置之失，譬如和、扁繼庸醫之後，一藥之誤，代為庸醫受責」，〔註27〕把罪過都推給已經去世的史彌遠，杜範卻不買帳，為表示抗議，拒入御史臺就職，理宗催促他，範回以「鳴復不去則臣去，安敢入經筵」，〔註28〕逼得李鳴復上章自辯，杜範接受殿中侍御史任命後，聯合太學生攻擊李鳴復寡廉鮮恥，理宗沒辦法，升杜範為起居郎，調離御史臺，杜範直接辭官返鄉，李鳴復也出知越州。

此回風波中藉由杜範之口，我們得知宋理宗的立場和敷衍臺諫的手法。《清獻集》載：

> 言及貴近，或委曲回護，而先行丐祠之請；事有掣肘，或彼此調停，而卒收論罪之章，亦有彈墨尚新而已頒除目汰去，未幾反而得美官。〔註29〕

包容政治的條件之一，便是思想上的信念。各種妥協，彼此容忍，同舟共濟，

〔註26〕《宋史》卷407，列傳166，〈杜範傳〉，頁12281～12282。

〔註27〕《宋史》卷437，列傳196，〈真德秀傳〉，頁12964。

〔註28〕《宋史》卷407，列傳166，〈杜範傳〉，頁12282。

〔註29〕（宋）杜範，《清獻集》（臺北：臺灣商務印書館，民國75年初版），卷5，〈入臺奏劄〉，13b～14a，收入《文淵閣四庫全書》，冊1175，頁646。

然而到了晚宋，尤其歷經長時間戰亂，財政窘迫加上冗員充斥的情況，官多闕少使得朋黨傾軋更為嚴重，想有所作為者動輒得咎，〔註30〕端平二年（1235）五月，替雙方調解的參知政事真德秀去世，該月發生的軍民交鬨事件，因處理不當差點釀成兵變，〔註31〕在此種風向下，鄭清之實在不宜繼續單獨為相，於是選擇與史彌遠關係友好、交鬨事件中表現處理得當、又能為兩派人士所接受的參知政事喬行簡（1156〜1241），六月拜為右丞相兼樞密使，鄭清之為左丞相兼樞密使。

喬行簡，字壽朋，婺州東陽（今浙江東陽）人，是呂祖謙門生，登紹熙四年（1193）進士，在史彌遠去世前已被任命為參知政事兼同知樞密院事，王邁形容史彌遠對喬氏「喜其順己，每事委曲從之」，〔註32〕《四朝聞見錄》則記載他在選擇繼續維持與金邦交或聯合新興蒙古議題的看法乃「強韃漸興，其勢已足以亡金。金，昔吾之讎也，今吾之蔽也。古人脣亡齒寒之轍可覆，宜姑與幣，使得拒韃」〔註33〕獲得史彌遠的認同，卻因理學派支持真德秀不納歲幣的主張，加上太學生群起反對，只保持遣使報聘的最低限度外交形式。

鄭清之、喬行簡並相的時間不到一年。他們面對的朝臣行政效率不彰的指責，以及臺諫官員對史彌遠長期把持言官的反彈。從起居舍人袁甫（生卒年不詳）的奏章指出「並命二相，所當盡心，上副委任之意，今中外多事，而左相辭遜，右相畏避，各事形跡，緩急若何，乞宣諭二相，力行一個公字」，〔註34〕史彌遠掌權二十六年的後遺症在此表露無疑，鄭、喬缺乏決斷的魄力、互相協調的能力，以及究竟該由誰來負政治責任等問題，祕書省正字王邁認為「並命二相，責任惟均」，〔註35〕使得理宗不得不在責任明確劃分上表明以鄭清之為尊，〔註36〕但這並不表示兩者的矛盾就此化解。〔註37〕其次是理宗

〔註30〕 如彭大雅，曾為宋蒙使團書狀官，著《黑韃事略》，對蒙古有深刻了解，任職重慶府時獨排眾議加固、擴建城牆，自此支吾二十年，終因取辦峻迫貶謫而死。見《錢塘遺事》卷3，〈彭大雅〉，6b，冊276，頁298。

〔註31〕 《宋史》卷42，本紀42，〈理宗二〉，頁808。又見《宋史》卷417，列傳176，〈喬行簡傳〉，頁12495。

〔註32〕 （宋）王邁，《臞軒集》卷2，〈乙未六月上封事〉，5a〜5b。

〔註33〕 《四朝聞見錄》甲集，〈請斬喬相〉，頁23。

〔註34〕 《宋史全文》卷32，〈宋理宗二〉，47b，冊331，頁690。

〔註35〕 《宋史全文》卷32，〈宋理宗二〉，48b，冊331，頁691。

〔註36〕 《宋史全文》卷32，〈宋理宗二〉，48b，冊331，頁691。

〔註37〕 《宋史全文》卷32，2519頁。

對鄭氏的信任，令御史們懷疑他會是第二個史彌遠。吳昌裔在奏章中表示：

> 近者竊見左丞相鄭清之臥家不起，從駕不出，免牘屢陳，有日激成朋比，又日稔成朋比，殆似指及臣等不知所謂朋比者比何人耶？……今乃自為朋比之說，以猜疑言事之臣。蓋緣清之始也輕于用兵而國威喪，終也折於從和而虜難滋。根本盡搖，智勇俱竭，朝夕凜凜，懷不自安，惟恐人之議己。……故為形跡，激作擠排，不盡逐台諫不止也。夫宰相雖尊，人臣也，台諫雖卑，法官也，今除吏盡有宰相，惟有台諫出於陛下親擢。若宰相有闕失，而禁台諫使不言，以一夫之私情廢天下之公法，臣恐自此威權倒置，耳目塗塞，陛下雖有八柄之專，而徒擁虛權於上矣，是豈總攬之初意哉！〔註38〕

吳昌裔對鄭清之促成「朋比之說」表達不滿、疑惑和不信任。而累篇對鄭清之不信任的奏章，終於產生效果。端平三年（1236）九月發生一連串天象異常，按慣例丞相必須辭職以謝天象，鄭清之、喬行簡也沒有例外，但徵召繼任的崔與之始終沒有接受右丞相兼樞密使的任命，而理宗決定留用喬行簡，並以鄭性之、李鳴復為參政分其權。就在該月，蒙古進攻大安軍陽平關（今陝西勉縣西），利州駐箚御前諸軍統制曹友聞兵敗戰死，十月固始縣（今屬河南省）淪陷，呂文信、杜林率潰兵數萬叛，六安、霍丘皆為羣盜所據，窩闊臺次子闊端（1206～1251）離成都，攻破文州，知州劉銳、通判趙汝㠭以身殉國，在中樞缺乏知曉軍事的執政情況下，重新起用史嵩之，令他赴光州（今河南省潢川縣）支援，並以資政殿學士魏了翁知紹興府兼浙東安撫使，召吳潛、袁甫、徐清叟赴闕。

三、史嵩之與賈似道

（一）史嵩之

　　史嵩之，字子申，慶元府鄞縣人，史彌遠堂姪，嘉定十三年（1220）進士，《宋元學案・橫浦學案》所記四明史氏中的「不馴者」。〔註39〕據《延祐四明志》載：

〔註38〕 《歷代名臣奏議》（臺北：臺灣商務印書館，民國72年初版），卷150，〈用人〉，43b～44b，收入《文淵閣四庫全書》，冊437，頁202～203。

〔註39〕 （清）黃宗羲、全祖望，《宋元學案》（上海：上海古籍出版社，1997年1版），卷40，〈橫浦學案〉，29a，收入《續修四庫全書》，冊518，頁629。

嵩之少倜儻，喜經濟，嘗與內弟陳塤講學山寺，寺僧厭之。嵩之怒，
夜焚其廬去。後登第，從父丞相彌遠曰：「新調官，當何之？」嵩之
願官襄漢，彌遠在相位最久，向仕內郡，寔（實）不知襄和表裏，
心大喜，即調為襄陽尹曹。〔註40〕

由此可知他的脾氣不好，直來直往，若非他出身四明史氏家族，早就在南宋
官場混不下去，不過他選擇襄漢前線發揮才能，倒是如魚得水，〔註41〕信用
名將孟珙(1195～1246)抵禦金朝破襄入蜀之企圖，〔註42〕並於端平元年（1234）
實現消滅宿仇金朝的願望，然而史彌遠去世使得支配體制發生變動，急於鞏
固地位的理宗和鄭清之聯合與史彌遠有隙的趙范、趙葵兄弟，覬覦蒙古退兵
呈現真空狀態的三京之地，企圖成就不世功勳以掩蓋篡位污名，而無視史嵩
之、吳潛等人出於現實考量的反對意見。

　　端平入洛失利後，理宗悔不聽其言，重新啟用為帥臣，史嵩之措置有方，
解除廬州之圍，以孟珙守江陵，率師解黃州之圍，收復光州、滁州、信陽，
並於嘉熙三年（1239）六月收復襄陽，「自是邊境多以捷聞，降詔獎諭」。〔註
43〕

　　不過史嵩之重獲聖眷令朝臣憶起史彌遠專權，聯合三學生群起攻擊。淳
祐四年（1244）九月，史嵩之為探望其父病情告假返鄉，不久史彌忠（1161
～1244）死訊傳抵朝廷，理宗要奪情起復，先是遭將作監徐元杰反對，主張
「宜許其舉執政自代」，〔註44〕十月催促史嵩之赴任也遭本人拒絕，期間爆發
徐元杰、史璟卿暴卒事件，史嵩之的反對者先是抹黑史嵩之不奔喪、接著栽
贓兩人之死為史嵩之下毒所致，還攻去出來說公道話的人，〔註45〕最後宋理
宗迫於眾議讓史嵩之致仕，閑居十三年後，於寶祐五年（1257）過世。〔註46〕

〔註40〕（元）袁桷，《延祐四明志》（臺北：成文出版社，民國72年3月1版），卷5，
　　　　〈史嵩之傳〉，29a～29b，收入《中國方志叢書》，冊577，頁380～381。

〔註41〕《宋史》卷414，列傳173，〈史嵩之傳〉，頁12423。

〔註42〕《宋史》卷412，列傳171，〈孟珙傳〉，頁12370：「（紹定）六年，大元將那
　　　　顏倴盞追金主完顏守緒，逼蔡，檄珙戍鄂，討金唐、鄧行省武仙。仙時與武
　　　　天錫及鄧守移剌瑗相掎角，為金盡力，欲迎守緒入蜀，犯光化，鋒剽甚。」

〔註43〕《宋史》卷414，列傳173，〈史嵩之傳〉，頁12425。

〔註44〕《宋史》卷43，本紀43，〈理宗三〉，頁831。

〔註45〕《癸辛雜識》別集下，〈嵩之起復〉，頁290。

〔註46〕《宋史》記史嵩之去世為寶祐四年八月，根據考古出土墓誌銘訂正為寶祐五
　　　　年，http://news.sohu.com/20120427/n341806586.shtml。

（二）賈似道（1213～1275）

賈似道，字師憲，台州（今浙江臨海）人，制置使賈涉次子，母胡氏爲妾，不容於正室，故賈似道幼年和母親住在一起，賈涉去世時，他年僅十一歲，姊姊嫁給理宗，封爲貴妃。

由於晚宋戰火頻仍，兼以賈似道被列入奸臣傳，故《宋史》對他的描述多有偏頗、隱晦，其在嘉熙二年（1238）中進士，〔註 47〕時人議論，沸沸揚揚，多認爲是靠舞弊才通過的，這或許和他平時放浪形骸、夜夜笙歌的行徑有關。方回〈監簿呂公家傳〉有詳盡敘述：

> 似道，貴妃弟，年少狎遊不肖，於錢塘門西葛嶺聚博挾妓，罔所不爲。理廟知之怒，丞相喬行簡亦怒，除似道太府寺丞，欲與易右班。而丁酉，似道請行漕舉，戊戌，假手登科常丞權郎軍少升監，駸駸顯要。行簡拜平章，終不能行似道換右之議，以似道懇禱孫德之爲地也。或謂理廟欲臺諫論似道，而似道深交公（呂午）於西馬城之寓孫，僞爲敬憚，冀裏言免臺評者。於是似道庚子歲虛除廣西憲倉，不赴，改江淮都大坑冶公事，年二十八，乃丞相史嵩之陰媚貴妃，交結固位之所爲。淳祐元年（1241）辛丑四月，似道除太府少卿、湖廣總領，年二十九，而天下之敗根於嵩之此除。〔註 48〕

描述賈似道運用種種手段規避懲罰，包括假手登科，令喬行簡無法將他轉武職；〔註 49〕史嵩之爲免當帥臣的後顧之憂，巴結賈貴妃，奏請具有外戚身份的賈似道爲太府少卿、湖廣總領，此職在南宋初有監督和牽制帥臣的職責，〔註 50〕至晚宋則有名無實化，〔註 51〕如同制置使下僚，正好作爲籠絡賈貴妃姊弟的職位，也讓賈似道累積實務經驗，爲其履歷增添一筆。

〔註 47〕　（宋）潛說友，《咸淳臨安志》（臺北：臺灣商務印書館，民國 72 年初版），卷 61，〈人物二‧國朝進士表〉，21b，收入《文淵閣四庫全書》，冊 490，頁 661。

〔註 48〕　（宋）方回，〈監簿呂公家傳〉，1a～2a，收入《左史諫草》（臺北：臺灣商務印書館，民國 72 年初版），〈左史家傳〉，冊 427，頁 413～414。

〔註 49〕　《錢塘遺事》卷 4，〈嚴覆試〉，6a～7a，冊 276，頁 302～303：「戊戌若還嚴覆試，如今安得有平章？」

〔註 50〕　雷家聖，〈南宋高宗收兵權與總領所的設置〉，收入《逢甲人文社會學報》第 16 期，2008 年 6 月，頁 137。

〔註 51〕　（日）川上總司，〈南宋の總領所について〉，收入《待兼山論叢‧史學篇》第 12 卷，1978 年，頁 20。

令賈似道飛黃騰達的機遇，還是鄂州之役，擊退蒙古。開慶元年（1259）九月忽必烈率領的蒙古軍突破長江，吳潛上表彈劾右丞相丁大全，理宗以賈似道爲宣撫援鄂，十月罷免丁大全、以吳潛爲左相兼樞密使、下詔罪己，並在軍中拜賈似道爲右丞相兼樞密使，十一月鄂州之圍解除，〔註52〕賈似道擠走不得理宗歡心的吳潛，〔註53〕並以「打算法」排除軍中異己，〔註54〕遏制外戚、宦官〔註55〕和三學生，〔註56〕任用道學家中傭儒可制者，獨攬大權。〔註57〕

賈似道運用包容政治，有依循，也有破壞。晏明強著《晚宋社經困局與景定公田法研究》說明該法實施的背景，將其歸類於危機處理法案，不可否認，公田法具有剝削色彩，針對對象亦是屬於南宋統治階層——官僚、地主、商人，因此造成凝聚力崩散；〔註58〕楊宇勛《取民與養民：南宋的財政收支與官民互動》認爲南宋「形勢戶」特權不多，最重要的特權是科配和色役的優惠；〔註59〕陳正庭《賈似道與晚宋政局研究》則提到宋理宗、度宗在晚宋政局中的地位，說明任用近習、君權獨大和道學迂腐不堪事的情況。〔註60〕以上三篇論文，說明包容政治的施行已達極限，也是士大夫與皇帝共治天下的對等地位的尾聲，一旦權相垮臺，缺乏魄力和判斷力的繼承人面對內憂外患的時局根本毫無招架

〔註52〕《宋史全文》卷36，〈宋理宗六〉，8b～13a，冊331，頁792～794。

〔註53〕吳潛因立儲之事得罪理宗，見《宋史》卷418，列傳177，〈吳潛傳〉，頁12519；又於蒙軍渡江議遷都時再度得罪，見《宋史》卷425，列傳184，〈劉應龍傳〉，頁12669～12670；兼以其兄吳淵惡名，見《宋史》卷416，列傳175，〈吳淵傳〉，頁12468；加上己身不正而遭貶謫，見（元）李有，《古杭雜記詩集》（揚州：廣陵書舍，2003年1版），卷3，16～17，收入《中國風土志叢刊》，冊48，頁54～55。

〔註54〕《錢塘遺事》卷4，〈行打算法〉，2a～2b，頁300。

〔註55〕賈似道逐董宋臣、禁外戚任監司郡守事蹟，見《癸辛雜識》後集，〈賈相制外戚抑北司戢學校，頁67～68；《錢塘遺事》卷4，〈賈相當國〉，6a，頁302；又見於（元）佚名，王瑞來箋證，《宋季三朝政要箋證》（北京：中華書局，2010年8月1版），卷3，頁262。

〔註56〕《癸辛雜識》後集，〈三學之橫〉，頁66～67。

〔註57〕《癸辛雜識》後集，〈賈相制外戚抑北司戢學校，頁68；《癸辛雜識》續集下，〈道學〉頁169。

〔註58〕晏明強，《晚宋社經困局與景定公田法研究》（臺北：中國文化大學史學所，碩士論文，民國85年6月），頁98～100、129～133、頁150。

〔註59〕楊宇勛，《取民與養民：南宋的財政收支與官民互動》（臺北：臺灣師範大學歷史研究所，民國92年6月初版），頁516～539。

〔註60〕陳正庭，《賈似道與晚宋政局研究》（臺中：中興大學歷史學研究所，碩士論文，民國98年1月），頁51～68。

之力，蕪湖潰敗後，守將、朝臣紛紛逃亡，即便謝太后嚴詞批判、利誘也無濟於事，〔註61〕縱有張世傑、文天祥率兵勤王，右丞相陳宜中不信任張世傑，〔註62〕兼以不曉兵事，〔註63〕左丞相留夢炎與文天祥不和，將他趕到蘇州抵擋蒙古軍隊，〔註64〕結果他募集的義軍前往常州支援而全軍覆沒，留夢炎、陳宜中只好召他回臨安，棄守平江府（今浙江省蘇州），退保餘杭，待留陳二人皆亡命，張世傑、蘇劉義、劉師勇各率所轄兵馬保護益王昰、廣王昺南逃，以文天祥為右丞相兼樞密使知臨安府赴元營媾和，「與大元丞相伯顏抗論皋亭山」〔註65〕遭拘留，南宋又派家鉉翁、賈餘慶前往遞交降書，元軍入臨安後得知二王南逃，派遣宋叛將張全追殺，自此進入沒有前線的戰爭，張世傑、陸秀夫、陳宜中在福州擁立趙昰，改元景炎，於廣東、福建沿海移動，知泉州田眞子、市舶使蒲壽庚投降蒙古，盡殺城中宗室三千餘人，〔註66〕南宋流亡朝廷欲前往占城不果，景炎三年（1278）四月端宗崩於碙洲，陸秀夫、張世傑擁立廣王昺，改元祥興，並於六月遷蹕至厓山，終亡於厓山海戰。

第二節　宗室官員表現

《宋史》列傳172卷末有言：「宋之公族，往往亦由科第顯用，各能以術業自見。」〔註67〕說明宗室能夠藉由科舉任官，發揮一己之才報效國家；張端義曰：「祖宗典故，同姓可封王，不拜相。」〔註68〕他此言或為對前述情況

〔註61〕《錢塘遺事》卷7，〈朝臣宵遁〉，8a～8b，頁319：「我朝三百餘年，待士大夫以禮。吾與嗣君遭家多難，爾小大臣未嘗有出一言以救國者，吾何負於汝哉？今內而庶僚畔官離次，外而守令委印棄城。耳目之司既不能爲吾糾擊二三，執政又不能倡率羣工。方且表裏合謀，接踵宵遁。平日讀聖賢書自謂謂何，乃於此時作此舉措？或偷生田里，何面目對人言語？他日死，亦何以見先帝？天命未改，國法尚存，可令尚書省別具見在朝臣、在京文武，並與特轉二官。其負國棄予者，令御史臺覺察以聞，其榜朝堂，明吾之意。」

〔註62〕《錢塘遺事》卷8，〈張世傑入衛〉，1a，頁322：「世傑本信安歸正人，擢承宣使。陳宜中疑世傑，易其所部之軍，世傑不得以盡其力。」

〔註63〕《宋季三朝政要箋證》卷5，頁403：「然書生不知兵，張世傑，步將也，使提舟師。劉師勇，水軍將也，使提步卒。用非其才，卒致誤國。」

〔註64〕《錢塘遺事》卷8，〈文天祥入衛〉，7b，頁325：「時陳宜中歸，永嘉留夢炎當國。夢炎意不相樂，乃以天祥爲制閫，出守吳門。」

〔註65〕《宋史》卷418，列傳177，〈文天祥傳〉，頁12536。

〔註66〕《宋史》卷47，本紀47，〈益王趙昰〉，頁942。

〔註67〕《宋史》卷413，列傳172，〈趙必愿〉，頁12413。

〔註68〕《貴耳集》卷中，頁24下。

之感慨。《貴耳集》載：

> 本朝故事，宗室不領兵，蓋因眞皇澶淵之幸；高皇靖康之變，以皇
> 子除兵馬大元帥，定建炎中興之業。嘉定間趙善湘開金陵制府，誅
> 李全。識者有宗室不領兵之議，遂有行宮之謗。嘗記帥逢原爲池州
> 軍帥，有一士挾南班書見之，書史云：「祖宗典故，管軍不受宗室書，
> 恐違制。」近來兵將皆受宗室薦舉矣。〔註69〕

由此可知，士大夫對宗室的態度是複雜的，一方面是天潢貴胄，享盡榮華富
貴，擁有種種特權的千金之子，最好敬而遠之、嚴加防範；一方面藉由科舉，
擠身與天子共天下的士大夫之列，而當南宋時局越發嚴峻，大量任職地方的
宗室官員作用便凸顯出來。

一、晚宋宗室官員事蹟

（一）趙善湘（？～1242）

趙善湘字清臣，濮安懿王趙允讓五世孫，父親武翼郎趙不陋（生卒年不
詳）是隨高宗渡江的宗室之一，因聽聞明州多名儒，故徙居當地。

初以恩蔭補官、監潭州南嶽廟，慶元二年（1196）進士，以宗室的身分
轉秉義郎，換承事郎，調任金壇縣丞。慶元五年（1199），知餘姚縣，其資歷
多爲地方郡守，因與史彌遠有姻親關係而盼望執政，史回以「天族於國有嫌，
高宗有詔止許任從官，不許爲執政」，〔註70〕而未能如願。

趙善湘的事蹟多與軍務有關，茲以《宋史》資料試作一表於下：

表 4-1：趙善湘事蹟表

年　　代	事　　蹟
寧宗嘉定元年（1208）	以添差婺州通判時平定茶寇的功績調任無爲軍兼淮南轉運判官、淮西提點刑獄。
嘉定十三年（1220）	在淮南安撫使任內平定固始寇而受御賜金帶。
理宗寶慶二年（1226）	進集英殿修撰，拜大理卿兼權刑部侍郎，進章閣待制、（浙西）沿海制置使兼知建康府、江東安撫使兼主管行宮留守司公事。〔註71〕

〔註69〕《貴耳集》卷上，頁 8 下。
〔註70〕《宋史》卷 414，列傳 173，〈史彌遠傳〉，頁 12418。
〔註71〕熊燕軍，〈南宋沿海制置司考〉，收入《浙江大學學報人文社會科學版》37 卷
　　　第 1 期，2007 年 1 月，頁 50。

紹定元年（1228）	以創防江軍、寧淮軍及平楚州畔寇劉慶福等功，皆升其官，進龍圖閣待制，仍任，兼江東轉運副使。
紹定三年（1230）	以李全犯淮東，進煥文閣學士、江淮制置使，乃命專討，許便宜從事。
紹定四年（1231）	因報告李全的死訊，進兵部尚書，仍兼任。
紹定五年（1232）	收復泰州、淮安州、鹽城、淮陰縣四城、泗、壽二州，及策應京湖，受金樞密副使納合買住降書。
嘉熙二年（1238）	沿海制置使兼知慶元府。

由上表可知，趙善湘擔任帥臣的時間長達十八年之久，這或許得歸功於他的知人善任，以及精於鑽營門路。

他在江淮制置使任內大力支持趙范、趙葵兄弟，對他倆「慰藉殷勤，餽問接踵，有請必應」，〔註72〕甚至派遣自己的兒子到他們麾下學習，對上司的百般信任，「范、葵亦讓功督府，凡得捷，皆汝樗等握筆草報」，〔註73〕因此能順利平定李全叛亂。

趙善湘的第三子汝楳（生卒年不詳）娶史彌遠的女兒為妻，透過此層關係上奏的報告都能順利傳入朝廷。

但是，他仍受到監察御史的彈劾，理由依舊是因為他宗室的身分，不宜典兵，理宗親自為他辯護，因此御史的攻擊沒有奏效。〔註74〕然而，不只是宗室開始擔任帥臣，實際在前線帶兵衝鋒陷陣的將領也開始受南班官的推舉，宗室對人事任免權有越來越多的參與。

嘉熙二年（1238），趙善湘轉任沿海制置使兼知慶元府，但軍隊譁變迫使他逃入山中，把平叛和收拾殘局的工作留給繼任者。之後，他轉任紹興府兼浙東安撫使，這是他最後一個擁有實權的帥臣職位。嘉熙三年（1239），趙善湘六度提出退休申請，理宗予祠慰留，讓他提舉洞霄宮，直到淳祐二年（1242），才同意以觀文殿學士守本官致仕，而他便在該年去世。

（二）趙以夫（1189～1256）

趙以夫，字用父，為魏王之後，以父恩蔭得官，寧宗嘉定十年（1217）進士，地方官履歷遍及財政、學政、軍政，且均政績卓著，受帥臣趙方（1133

〔註72〕《宋史》卷413，列傳172，〈趙善湘傳〉，頁12401。
〔註73〕《宋史》卷413，列傳172，〈趙善湘傳〉，頁12401。
〔註74〕《宋史》卷413，列傳172，〈趙善湘傳〉，頁12402。

～1221）、陳晄（生卒年不詳）器重，〔註75〕從紹定中期開始至嘉熙初期任地
在中央與地方交互輪替，嘉熙二年（1238）擔任知慶元府兼沿海制置副使，
替逃跑的趙善湘平定當地兵變，〔註76〕因此功績返回朝廷擔任樞密都承旨，
但是他在慶元府所上一封措辭強硬、反對新舊楮幣兌換法的奏章引來朝臣攻
擊，〔註77〕迫使他回到福州老家賦閒，然而理宗對他青眼有加，嘉熙四年
（1240）他從臨安的刑部侍郎職位派遣至淮西，此地為戰區，剛結束宋蒙大
戰而進入為期十年的和平時段，他在任內改善當地軍隊訓練和待遇，還立下
擒獲突擊淮南西路的蒙古將領的功績，因而回到首都任權刑部尚書。〔註78〕

　　引對時，他大肆攻擊宮廷奢華無度、近習賄賂公行，散佈謠言，濫用權
力、忠直大臣被趕出朝廷或遭到降黜。〔註79〕淳祐八年（1248）他攻擊史彌
遠的兒子史宅之出任簽樞密院事，史宅之在朝廷人緣不佳，卻和理宗關係密
切，故以夫此舉觸怒了皇帝，最後他只得上表道歉才得以倖免於難，但他隨
即批評鄭清之的楮幣、土地政策和大臣的腐敗，劉克莊極力替他辯白無效，
以夫出知西外宗正事，〔註80〕寶祐四年（1256）死在任上，理宗贈與他開府
儀同三司的殊榮。〔註81〕

　　值得一提的是，趙以夫是繼趙汝愚之後，第二個擔任執政的宗室士大夫。
〔註82〕

（三）趙汝騰（？～1261）

　　趙汝騰，字茂實，福州人，寶慶二年（1226）進士，履歷遍及地方與中
央，大部分時間在中央擔任重要檔案的編撰工作，如玉牒所檢討官、起居舍
人、國史編修、實錄檢討等職位，對時勢的批評同樣一針見血，在召為禮部
尚書兼給事中，兼修國史、實錄院修撰入對時，他向理宗進言。《宋史》載：

〔註75〕《後村先生大全集》卷142，〈盧齋資政趙公神道碑〉，11a，冊82，頁434：「歷
　　　　江陵府監利縣令，邑通淮廣，姦民多盜販賣邕馬以資敵。公設方略掩擒群盜，
　　　　獲馬百足俘獻於府。制檄調夫封劍督趣，民聽驚惑，及見公車馬急裝先發，
　　　　皆踴躍以從。前帥趙公方、後帥陳公晄皆器重。」
〔註76〕《後村先生大全集》卷142，〈盧齋資政趙公神道碑〉，13a，頁435。
〔註77〕《後村先生大全集》卷142，〈盧齋資政趙公神道碑〉，13b，頁435。
〔註78〕《後村先生大全集》卷142，〈盧齋資政趙公神道碑〉，14a～14b，頁435。
〔註79〕《後村先生大全集》卷142，〈盧齋資政趙公神道碑〉，14b～15a，頁435～436。
〔註80〕《後村先生大全集》卷142，〈盧齋資政趙公神道碑〉，18a，頁437。
〔註81〕《後村先生大全集》卷142，〈盧齋資政趙公神道碑〉，10b，頁433。
〔註82〕《兩宋宗室研究——以制度考察為中心》，頁233。

前後姦諛之臣，傷善害賢，自取穹官要職，何益於陛下，而深損於
聖德。興利之臣，移東就西，順適宮禁，自遂谿壑無厭之欲，何益
於陛下，而深戕於國脈。則陛下私惠羣小之心，可以息矣。」又言：

「陛下有用君子之名，無用君子之實。〔註83〕

趙汝騰批評理宗放任近習、興利之臣破壞國家法紀，敗壞君主名聲，而這肇
因於皇帝為逞私欲；而皇帝擔心受到批評，或邀譽，任用君子，卻只是表面
功夫。

此外，有關趙汝騰事蹟見於《名公書判清明集》和《宋元學案》內。趙
汝騰在〈戶婚門‧生前乞養〉針對養子是否有繼承權做出以下判決：

身在養子，戶絕立繼，事體條法，迥然不同。丁一之無子，生前抱
養王安主子為後，年未三歲，正合條法。歿後，弟用之欲以己子為
一之後。一之生前抱養，與親生同，而一之既自有子，用之不得干
預，再詞懲斷。〔註84〕

《宋元學案》則是以「晦翁私淑」的形式簡略記述他的生平。〔註85〕《癸辛
雜識》引史嵩之之言批評趙汝騰放縱徐霖，徒養虛名，敗壞世道，「朝廷大比
所費不知其幾，合天下士僅得一省元，乃是狂生，可以為世道嘆」。〔註86〕徐
霖如此猖狂，肆無忌憚，乃因「（趙汝騰）時為從官，上疏力薦，至比之為范
文正公，屢有召命，皆不就」，〔註87〕甚至將趙汝騰視為大宗師，己為小宗師，
互相援引。〔註88〕

周密此言非空穴來風。《全宋文》中提及趙汝騰的個性「好賢太切，嫉惡
太甚」，導致「黨則多疑，仇則多怨」；〔註89〕他和徐霖間的交情甚篤，曾往
來通信二十餘首詩，〔註90〕而徐霖的性格狂狷，曾譏諷葉大有私下求趙汝騰

〔註83〕《宋史》卷413，列傳172，〈趙汝騰傳〉，頁12406。

〔註84〕中國社會科學院歷史研究所隋唐五代宋遼金元史研究室點校，《名公書判清明
集》（北京：中華書局，1987年1版），卷7，〈戶婚門‧生前乞養〉，頁245。

〔註85〕《宋元學案》卷49，〈晦翁學案下〉，41a，冊518，頁756。

〔註86〕《癸辛雜識》別集下，〈徐霖〉，頁291。

〔註87〕《癸辛雜識》別集下，〈徐霖〉，頁291。

〔註88〕《癸辛雜識》別集下，〈徐霖〉，頁291～292。

〔註89〕曾棗莊、劉琳主編，《全宋文》（上海：上海辭書出版社，2006年8月1版），
卷7705，〈牟子才八‧乞留趙汝騰徐霖奏〉，冊334，頁349。

〔註90〕傅璇琮主編，《全宋詩》（北京：北京大學出版社，1991年1版），卷3261～
3262，〈趙汝騰一、二〉，冊62，頁38871～38894。

放他一馬之事，造成大有懷疑「汝騰漏言，使霖播之」，〔註91〕從而深恨汝騰。因此，趙汝騰被徐霖牽連，自己也得負一部分責任。

（四）趙與芮（1207～1287）

趙與芮是理宗的弟弟，度宗的親生父親，故爲地位最尊崇的南班官而非科舉進士的宗室官員，根據傳世文獻載，他被描述成小氣貪婪且復仇心極重的人物。書云：

> 京城大飢。馬光祖尹京，知榮王甫積粟，一日往見，辭以故。次日往，亦如之。三日又往，臥於客次，榮王不得已見焉。馬屬聲云：「天下誰不知儲君爲大王子。今民餓欲死，大王不以此時收人心乎？」王以廩虛爲辭。光祖探懷出片紙曰：「某倉幾十萬。」王辭塞，遂許三十萬石。光祖即令都吏領鈞批交，米活飢民甚眾。〔註92〕

馬光祖透過事先調查，蒐集情報，令趙與芮無從抵賴，只得許諾捐糧三十萬石，馬光祖當場命手下進行交割。

景定三年（1262），趙與芮被賈似道硬逼著賣出田產贍軍，因此懷恨在心。德祐元年（1275）賈似道兵敗垮臺，「募有能殺似道者使送之貶所，有縣尉鄭虎臣欣然請行」，〔註93〕完全不顧賈似道公田立意乃是爲了挽救宋朝存亡，最後他在德祐二年（1276）臨安開城投降後，被蒙古人送往大都，元世祖忽必烈封他爲趙金紫光祿大夫、檢校大司農、平原郡公，他爲了保全宋宗室，獻上自己所有的家產，至元二十五年（1287）壽終正寢。

二、宋元之際的宗室

（一）抵抗型

宋末的南宋宗室地位難以如理宗朝顯赫，大多數人甚至無法立傳，如有名列《宋史》亦實屬萬幸，然而藉《宋史·瀛國公本紀》和《宋史·忠義傳》來觀察宋末宗室事蹟，和前述李庭芝、陸秀夫、張世傑等人毫不遜色，其中更有緊隨朝廷流亡，或與文天祥一起行動，乃至慷慨赴義者。

下表 4-2 就德祐元年賈似道兵敗後，宋宗室官員相關事蹟列表於後，俾便分析。

〔註91〕《全宋文》卷 7705，〈牟子才八·爲趙汝騰辯葉大有劾章狀〉，冊 334，頁 353。
〔註92〕《宋季三朝政要箋證》卷 3，頁 297～298。
〔註93〕《宋史》卷 474，列傳 233，〈賈似道傳〉，頁 13787。

表4-2：德祐元年至景炎二年（1275～1277）宗室官員事蹟表

時　間	人名	事　蹟	出　處
德祐元年四月	趙與芮	以福王判紹興府（今屬浙江）、浙東安撫大使。	《宋史》卷47，本紀47，〈瀛國公〉，頁929。 《宋季三朝政要箋證》卷5，頁412。
德祐二年（1276）正月	趙良淳	知安吉州趙良淳自縊死。	《宋史》卷47，本紀47，〈瀛國公〉，頁937。
德祐二年	趙孟桑	爲福王趙與芮姪子，謀舉兵反元，事洩被范文虎逮捕而死。	《宋史》卷454，列傳213，忠義九，〈趙孟桑傳〉，頁13357。
德祐二年	趙孟壘	合州（今四川合州）人，開慶元年（1259）進士，爲金華（今浙江金華）尉。臨安降，與從子由鑑懷太皇太后帛書詣益王，擢宗正寺簿、監軍。復明州（今浙江寧波市），戰敗見獲，不屈磔死。	《宋史》卷454，列傳213，忠義九，〈趙孟壘傳〉，頁13356。
德祐二年	趙孟錦	與李庭芝部將苗再成守眞州，元軍重艦駐江上，孟錦趁霧以小舟偷襲，霧散遭反擊，落水而死。	《宋史》卷450，列傳209，忠義五，〈趙孟錦傳〉，頁13262。
景炎元年（1276）十一月	趙與檡 趙與慮 趙孟備	（嗣）秀王奉益王、廣王入海渡福州（今屬福建），後與國舅楊亮節不和，出守福州，兵敗被執，和其弟與慮、子孟備不屈而死。	《宋史》卷450，列傳209，忠義五，〈趙與檡傳〉，頁13262。 《宋季三朝政要箋證》卷5，頁427。
景炎元年十一月	趙崇鑣	阿剌罕兵至建寧府，執守臣趙崇鑣。	《宋史》卷47，本紀47，〈益王趙昰、衛王趙昺〉，頁942。
景炎二年（1277）正月	趙時賞	元江西宣慰使李恆遣兵援贛州，攻文天祥於興國，窮追至空坑，趙時賞僞稱文天祥，被俘而死。	《宋史》卷418，列傳177，〈文天祥傳〉，頁12537～12538。 《宋史》卷454，列傳213，忠義九，〈趙時賞傳〉，頁13341～13342。

　　根據上表統計，我們可以發現即便融入士大夫集團，成爲其中一份子，無可避免沾染部分惡習，然而宗室官員在與蒙古的抗爭中臨陣脫逃者甚少，大多與守城共存亡。

（二）隱逸型

　　趙必璙（1245～1295），其名只出現於《宋史》世系表內，[註94]爲太宗

的後裔，漢王元佐的子孫，濮安懿王四世孫，他的生平事蹟我們只有從其文集《秋曉先生覆瓿集》略知一二，而且還不是完整的闡述，僅限於抗元的片段，但是這已經足以證明他的價值。

他是東莞（今廣東東莞）人，咸淳元年（1265）與父親崇訥同科進士，歷任高要縣（今屬廣東）簿尉兼四會縣（今屬廣東）令、南康縣（今屬江西）丞，後辭官回鄉奉養老父。元兵至粵之時，他鼓勵熊飛起兵抗元。書載：

> 飛欲盡括邑人財穀以充軍費，人情洶洶，公請於飛，願以家貲三千
> 緡、米五百石贍軍，乞優邑人之力。飛從之，就委公董其事。公乃
> 第物力之高下而均其輸，鄉井賴以不擾。〔註95〕

趙必璟捐出家財助熊飛抗元，並擔任徵收資財的工作，一為成就家事，匡扶宋室，二來得以造福鄉里，不使破家。

景炎三年（1278）三月文天祥至惠州（今屬廣東）開督府，他曾親自前往拜見，文天祥任命他為簽書惠州軍事判官兼知錄事。

宋朝覆亡後他又活了十六年，拒絕元朝授予的將仕郎、象州（今屬廣西）儒學教授，「山林之意已堅，遂隱居于邑之溫塘」，〔註96〕絕意仕途。

他的事蹟向我們展示兩件事：一是雖然不及文天祥，但他仍做到拿出自己私人財產挽救國運，爾後還得以過著衣食無缺的隱居生活；〔註97〕二是即使像必璟這般不顯赫的宗室家族，與劉宰同樣成為地方鄉紳，仍占有可觀資源。

（三）投降與入仕

趙孟頫（1254～1322）的事蹟是典型的例子，他本身的迷惘比尋常士大夫要來得深刻，因為他是孝宗的父親趙子偁（？～1144）的五世孫，意即他為宋朝的有服宗室，他的聰明才智和藝術修養使他在元朝做到翰林學士承旨與兵部郎中，且以書畫家聞名於後世，南宋滅亡時他才二十五歲，入元的前十年他在南方陪伴一些忠臣遺老，〔註98〕他一面出仕元朝，一邊和許多忠義運動的領袖人物關係密切，使得他的生涯充滿模糊性，他常在其《松雪齋文集・

〔註95〕（宋）趙必璟，《秋曉先生覆瓿集》（臺北：臺灣商務印書館，民國67年初版），卷6，〈趙必璟行狀〉，5a～5b，收入《四庫全書珍本》八集，冊158。

〔註96〕《秋曉先生覆瓿集》卷6，〈趙必璟行狀〉，5b。

〔註97〕《秋曉先生覆瓿集》卷6，〈趙必璟行狀〉，5b～6b。

〔註98〕根據趙孟頫父親趙與告的簡介推斷，見（清）厲鶚，《宋詩紀事》（臺北：臺灣商務印書館，民國72年初版），卷85，14b，收入《文淵閣四庫全書》，冊1485，頁629。

古風十首》不斷讚美過去隱逸生活，爲出仕異族王朝感到遺憾。〔註99〕

小　結

　　晚宋是包容政治難以爲繼的時期。政治上，理宗未能了解史彌遠對身後政局力求穩定的安排，親政三十一年內換了十五個宰相，意謂著皇帝心意不堅、官僚傾軋極其嚴重，進而造成政治動盪不安；對外關係不佳同時影響內部的穩定性，與蒙古長期交戰導致社經困局，爲楮幣嚴重貶值所苦的不只是平民，領取朝廷薪俸的文武官員乃至基層士兵都深受其害；史彌遠的姪子史嵩之，出身四明史氏家族，晚宋最有潛力的宰相，卻背負了士大夫集團對史彌遠的反動，兼以鄞人集團內訌無望於而東山再起，也使得繼任者抱持得過且過的心態，只對皇帝唯命是從，給予賈似道崛起的機會。

　　南宋最後的權臣賈似道，傳統史書把他寫得很壞，近年許多翻案文章引用當代人筆記爲他平反，他對包容政治有沿用也有破壞。

　　生長於晚宋時期的宗室官員面對得過且過的朝廷，無不奮臂疾呼；從中央到地方，文官武職均有他們的身影，然而他們無法影響決策，只能在自己的職權內盡最大的努力，而地位最尊崇的宗室、度宗的親生父親趙與芮的作爲，彷彿當時官僚集團的縮寫，直到南宋傾覆爲止。

〔註99〕　（元）趙孟頫，《松雪齋文集》（臺北：臺灣商務印書館，民國64年臺3版），
　　　　　卷2，收入《四部叢刊初編》，冊73，頁17〜18。

第五章　南宋宗室官員的特權與特色

　　宋朝給予宗室的待遇堪稱優渥至極，遠勝一般官員，可謂從搖籃至墓園，照顧無微不至。自袒免親以上賜名授官即享有俸祿，除各王府設有專任教授，另有宗學爲教育機構，散居各地的宗室家庭則以經濟優勢爲後盾，聘請名師教育子弟。

　　自熙豐變法允許宗室參加科舉並擔任外官，迄宋室南渡，已成出身任職的重要門路，根據《南宋登科錄兩種》記載，紹興十八年（1148）時宗室中進士比例占總人數的二十分之一，到了晚宋時期的寶祐四年（1256）時則增長爲七分之一，然而絕大多數登科的宗室官員久沉下僚，僅有極少數擠身侍從官之列，他們的人數與對國家的使命感令部分非宗室官員感到威脅，而有宋末泉州大屠殺。〔註1〕

　　法律方面，朝廷對犯法的宗室，只要不是牽涉到政治，即便爲累犯仍予以寬大處理，問案不由地方，而統一由宗正司審理，使得宗室面臨種種刑事或民事糾紛時，總佔據著法律上的優勢，爲打通種種關節提供方便，事實上除朝仕途發展外，經商貿易亦爲宗室謀生的重要出路。

　　宗室擁有種種特權，朝廷的唯一要求是絕對的忠誠，這也是爲什麼許多宗室官員與理學關係密切的原因；而在各方面，宗室出身的官員普遍擁有這項自覺，無論於中央、地方任職，大多能盡忠職守、直言不諱，越接近晚宋，和一般官員相較，此現象越發明顯。

〔註1〕　（日）桑原騭藏著，馮攸譯，《中國阿拉伯海上交通史》（臺北：商務印書館，民國 60 年 4 月臺 1 版），頁 237～239。

第一節 宗室的特權

一、專屬的管理機構

本文第一章已提及宋太祖（太宗）的宗室政策，乃是無論近疏、祖免與否皆納爲一體不放棄五服以外親屬；宋太宗繼位後，將宗室政策制度化，且增加新的政治戒約，禁止宗室擔任擁有實權之官職。北宋初期承襲唐制，由宗正寺管理，但在寺卿長貳安排上便有所差異。唐代以皇族任宗正寺長官，宋朝則以「宗姓」充，〔註2〕以北宋前期擔任宗正寺長官者如趙孚、趙安易、趙安仁、趙良規、趙君錫、趙積、趙湘、趙咸等只爲同姓而非宗室來看，宗正寺長官並不一定非由宗室來擔任，因此也無法以「統率宗族」的名義對宗室進行管理。

仁宗即位後面臨的重大問題之一，是宗室人數的擴增，亟需對他們進行管束，宗正寺顯然無法因應此需求，故大宗正司應運而生，職掌爲「凡宗族之政令皆關掌，奏事毋得專達，先詳視可否以聞」，〔註3〕宗正寺大部份的業務轉移至大宗正司，兩者長期並存，但主導者爲大宗正司，宗正寺此後不再任命長貳，只任命宗正丞，至元豐改制後更不再堅持「宗姓」原則，南宋後亦多除異姓，其負責業務爲：

> 曰玉牒，以編年之體敘帝系而記其歷數，凡政令賞罰、封域戶口、豐凶祥瑞之事載焉。曰屬籍，序同姓之親而第其服紀之戚疏遠近。曰宗藩慶系錄，辨譜系之所自出，序其子孫而列其名位品秩。曰僊源積慶圖，考定世次枝分派別而系以本宗。曰僊源類譜，序男女宗婦族姓婚姻及官爵遷敘而著其功罪、生死。凡錄以一歲，圖以三歲，牒、譜、籍以十歲修纂以進。〔註4〕

玉牒記帝系歷數，屬籍記服紀近疏，編《宗藩慶系錄》以授官，《僊源積慶圖》考定世次，《僊源類譜》記宗室的婚姻、生死、功罪、官爵升降。

大宗正司立於仁宗時，神宗元豐時始正名，長貳選宗室有德望者充任，宗正司丞二人則選文臣京朝官以上任職，其業務範圍：

> 掌糾合族屬而訓之以德行、道藝，受其詞訟而糾正其愆違，有罪則

〔註2〕 《宋會要》，〈職官〉20之1，冊3，頁2821。
〔註3〕 《長編》卷119，仁宗景祐三年七月乙未條，頁2796。
〔註4〕 《宋史》卷164，志117，〈職官四〉，頁3887。

先劾以聞；法例不能決者，同上殿取裁。若宮邸官因事出入，日書
于籍，季終類奏。歲錄存亡之數報宗正寺。凡宗室服屬遠近之數及
其賞罰規式，皆總之。〔註5〕

由此可知宗正寺負責檔案記錄與管理，大宗正司則掌管大部分的庶務，重要
性遠勝前者，元豐五年（1082）規定大宗正司「不隸六曹，其丞屬中書省奏
差」，〔註6〕成為獨立於六部之外的機構。

　　宋徽宗崇寧元年（1102）為管理移居西京、南京宗室而設置西、南外宗
正司，並建立敦宗院，以作為宗室的集中居所；〔註7〕靖康之難至建炎初乃兵
馬倥傯之際，大宗正司隨高宗御駕遷移，暫時駐蹕江寧，西外設於揚州，南
外立於鎮江，最終西外落腳於福州，南外落腳泉州，成為臨安大宗正司外兩
處宗室最大聚集地。

二、宗室的教育

（一）專屬的教育機構

　　宗室的教育機構分為宮學與宗學，宋太宗太平興國年間（976～984）先
後為皇子、諸王設立侍讀、諮議、翊善、侍講等官，選擇條件為常參官中年
滿五十且通經者。〔註8〕這是宋史最早替宗室設置教授的記錄，但僅限於頂端
的皇子、諸王子弟，且教授都為兼職，要對諸王府內子弟進行個別授課，顯
然是有困難的；而為尋常宗室選師，並開班授課的最早記錄則是在宋真宗咸
平元年（998）以諸王府官兼任南、北宅教授，〔註9〕靖康之難時宗學廢棄，
高宗紹興四年（1134）恢復諸王宮大小學，學員僅止於南班宗室且徒具形式，
至紹興二十七年（1157）仍「止有敝屋數間，蕭然環堵，釋菜無殿，講說無堂，
逼近通衢，又無廊廡，師儒齋几，卑隘淺陋」；〔註10〕孝宗隆興年間（1163～
1164）甚至對宮學教授進行裁員，此後「月朔止一人上講，所教惟南班宗室十

〔註5〕　《宋史》卷164，志117，〈職官四〉，頁3888。
〔註6〕　《宋史》卷164，志117，〈職官四〉，頁3888。
〔註7〕　《宋會要》，〈職官〉20之33，頁2837。
〔註8〕　《長編》卷20，太宗太平興國四年九月丁亥條，頁461。又《長編》卷24，
　　　　　太宗太平興國八年三月己巳條，頁540。
〔註9〕　《雜記》乙集，卷13，〈宗學博士〉，頁724，又見《長編》卷43，真宗咸平
　　　　　元年春正月癸酉條，頁907～908。
〔註10〕　《宋會要》，〈崇儒〉1之10，冊3，頁2167。

餘人，往往華皓。每教授初除及朔望，則赴堂一揖而退」，〔註11〕宋寧宗嘉定九年（1216）十二月將宮學併入宗學，隸屬宗正寺，「於是宗室疏遠者皆得就學，而彬彬可觀矣」。〔註12〕

由於宗學的迫切性肇始於神宗允許宗室外居，打破原本宮宅聚居格局後，〔註13〕故設置時間比較晚，加上宮學與宗學間具有模糊性，「初，宗學廢置無常。凡諸王屬尊者，立小學于其宮。其子孫，自八歲至十四歲皆入學，日誦二十字」，〔註14〕因此今人亦容易混淆。實際上宮學和宗學是兩種不同的宗室教育形式，前者以諸王宮為單位，類似家庭教師的小班制；後者則設於宮外，招收對象不限宗室世系親疏，屬於大班制，最遲在徽宗崇寧初（1102）才於西京和南京設置。〔註15〕

（二）院外宗室的教育

宮學和宗學為居住臨安睦親宅宗室提供由政府出資的教育管道，但在泉州南外宗正司，大部分的宗室不願意居住在免費的睦宗院內，儘管住宿免費且給予的津貼更多，〔註16〕他們寧願搬出去住。一方面可能與這些宗室的在地化有關，〔註17〕二來他們與皇室的血緣已經疏遠，必須依靠科舉出身才能光耀門楣，第三即是宗室人數多到睦宗院容納不下，宋寧宗嘉泰年間（1201～1204）知州倪思（？～1220）曾經奏請朝廷加以增建，〔註18〕但仍不敷使

〔註11〕 《雜記》乙集，卷13，〈宗學博士〉，頁724，又見《長編》卷43，真宗咸平元年春正月癸酉條，頁907～908。

〔註12〕 《雜記》乙集，卷13，〈宗學博士〉，頁725。

〔註13〕 儘管宗室趙令鑠於元豐六年（1083）請求神宗建立宗學，但對照《宋史》卷165，〈職官五〉，頁3916、《文獻通考》卷57，〈職官考十一〉，頁517、《宋會要》，〈崇儒〉1之1，頁2163，神宗並未真正建立宗學；根據《宋史》卷211〈宰輔二〉，頁5493、卷212〈宰輔三〉，頁5501和卷471〈蔡確傳〉，頁13700，蔡確（1037～1093）自元豐五年（1082）拜右僕射中書侍郎，至元祐元年（1086）罷知陳州，後因「車蓋亭詩案」貶死新州，至始至終，神宗也沒將宅院賜予蔡確。

〔註14〕 《宋史》卷157，志110，〈選舉三〉，頁3676。

〔註15〕 《宋史》卷157，志110，〈選舉三〉，頁3676。

〔註16〕 見《宋代宗室史》表9-2，「泉州南外宗正司宗室補助錢米」，頁225。

〔註17〕 《宋代宗室史》，頁218～227。

〔註18〕 （清）周學曾、尤遜恭，《道光晉江縣志》（上海：上海書店，2000年1版），卷28，〈職官志・文秩〉，49b，收入《中國地方志集成》，冊25，頁343：「初置院時宗子三百四十九人，嘉泰中至一千八百餘人，郡守倪思請于朝，再置新睦宗院，各有主管官。」

用；最後，我們可以發現，現存大部分的南宋墓誌銘都屬於住在睦宗院外的宗室。〔註19〕

南外宗正司設置於泉州，乃肇因於其爲南海貿易的中樞港，能夠負擔龐大宗室津貼。〔註20〕西外宗正司所在的福州除經濟繁榮，還以輩出學者、進士聞名，呂祖謙甚至以「路逢十客九青衿，半是同胞舊弟兄，最憶市橋燈火靜，巷南巷北讀書聲」〔註21〕來形容福州文教昌盛，根據《淳熙三山志》記載，唐代時已在福州建有州學，五代時期持續有所建置，卻在北宋初學制毀壞，直到仁宗景祐四年（1037）權州事謝微請准於依託孔廟立學，熙寧三年（1070）又遭毀壞，「郡人韓昌國、劉康夫等二百人以狀言于府，請自創蓋，無費縣官一錢。……既而十二縣之士各以狀請於令，如昌國等。不一月，集錢三百萬」，〔註22〕可見當地士人對州學的重視，就學者從最初的十來人，到元豐初（1078）增至數十人，直至紹興十年（1140）張浚增爲二百四十人，乾道元年（1165）定額爲三百人，這還只是爲了獲得解試名額的門路之一，而福建路登科佔南宋總數，不到五人便有一人來自該路，而福州更佔福建路之冠，〔註23〕「顧今天下士子多而解額窄者，莫甚於溫、福二州」，〔註24〕而「向來解額太窄，出游者眾」，〔註25〕也絕非光靠州學、縣學培養可以達成「終場萬八千人，合解九十名」〔註26〕的人數；福州民間教育，已於北宋中期有所發

〔註19〕 《宋代宗室史》，頁225。

〔註20〕 （日）藤田豐八著，魏重慶譯，《宋代之市舶司與市舶條例》（上海：商務印書館，1936年初版），頁60～63；（日）桑原騭藏，《蒲壽庚的事蹟》（東京：岩波書店，1968年2月初版），頁24～25；Hugh.R.Clerk，*Community, trade, and Networks*，Cambridge [England] New York: Cambridge University Press, 1991，頁140；斯波義信著，莊景輝譯，《宋代商業史研究》（臺北：稻禾出版社，民國86年初版），頁107～108。

〔註21〕 （宋）呂祖謙，《東萊集》（臺北：臺灣商務印書館，民國72年初版），卷1，〈送朱叔賜赴閩中幕府〉，11b～12a，收入《文淵閣四庫全書》，冊1150，頁7～8。

〔註22〕 （宋）梁克家，《淳熙三山志》（成都：四川大學出版社，2007年1版），卷8，〈廟學〉，收入《宋元珍稀地方志叢刊》甲編，冊5，頁228～236。

〔註23〕 （日）佐竹靖彥，〈唐宋期福建の家族と社會——閩王朝の形成から科舉體制の展開まで〉，表三，出自《中國近世家族與社會學術研討會論文集》（臺北：中央研究院歷史語言研究所出版品編輯委員會，民國87年），頁468。

〔註24〕 （宋）劉宰，《漫塘集》（臺北：臺灣商務印書館，民國65年1版），卷13，〈上錢丞相論罷漕試太學補試箚子〉，14a，收入《四庫全書珍本》，冊248。

〔註25〕 《漫塘集》卷13，〈上錢丞相論罷漕試太學補試箚子〉，15a。

〔註26〕 《漫塘集》卷13，〈上錢丞相論罷漕試太學補試箚子〉，14a。

展，本籍福州的名臣陳襄（1017～1080），於慶曆二年（1042）登進士第前便和士人陳烈、周希孟、鄭穆號為「四先生」，〔註27〕而出於陳襄門下者更以「顯者居多」，〔註28〕南宋《淳熙三山志》對元旦後入學盛況描寫極為生動：

> 每歲節既五日，各遣子弟入學。或須卜日，則以寅、申、己、亥吉，亦不過三五日止。凡鄉里各有書社。歲前一二月，父兄相與議，求眾所譽，學識高，行藝全，可以師表後進者某人即以一二有力者，自號為鳩首，以學生姓名若干人具關子，敬以謁請曰：「敢屈某人先生，來歲為子弟矜式，幸甚！」既肯，乃以是日備禮延致，諸子弟迎謁再拜，惟恐後。遠近聞之，挈篋就舍，多至數百人，少亦數十人，有年四五十，不以老為恥。〔註29〕

說明福州人拜師、求學的儀式與盛況，和不以年齡為恥。南宋中期，許多士人赴太學遊學，加上越來越多求學者，由家族父老合力聘請教師到書社的教學情況大幅減少，教書已變成一種行業，這也反映民間教育普及的情況。〔註30〕

由於宋朝宗室主要依官得祿，除和皇室血緣較親近的南班宗室可獲得直接賜名授官外，受熙寧改制「其祖免以下親更不賜名授官，祇許令應舉」〔註31〕影響，宗室疏屬必須靠科考任官來獲得俸祿，至南渡後宗室散居各處，此狀況更加明顯。為求中進士而特重教育，與名士交遊、為子弟尋求名師勢在必行，選擇居處常以文風鼎盛之地，如趙汝愚和汪應辰（1118～1176）結為學侶，汝愚子孫四世六人皆名列《宋元學案·玉山學案》；〔註32〕趙師恕師承黃榦，為朱熹的再傳弟子，〔註33〕曾任泉州知南外宗正司。〔註34〕

〔註27〕 （宋）陳襄，《古靈先生集》（北京：線裝書局，2004年1版），卷末，附葉祖洽〈先生行狀〉，2b，收入《宋集珍本叢刊》，冊9，頁70。

〔註28〕 （宋）陳襄，《古靈先生集》卷末，附葉祖洽〈先生行狀〉，2b，頁70。

〔註29〕 （宋）梁克家，《淳熙三山志》卷40，〈土俗類二·歲時〉，頁1642。

〔註30〕 （宋）梁克家，《淳熙三山志》卷40，〈土俗類二·歲時〉，頁1642：「三十年以後，一以趨試上庠，率遊學四方，而先生亦各開明以待來者，事師之禮浸衰，教人之禮甚略，非舊俗也。」

〔註31〕 《宋會要》，〈帝系〉4之33，冊2，頁109。

〔註32〕 《宋元學案》卷46，〈玉山學案〉，8a，收入《續修四庫全書》，冊518，頁688。

〔註33〕 黃榦師承朱熹，見《宋元學案》卷48，〈晦翁學案〉，1a，頁701；趙師恕師承黃榦見同書，〈勉齋學案〉，1a，冊519，頁176。

〔註34〕 《道光晉江縣志》（上海：上海書店，2000年1版），卷28，〈職官志·文秩〉，49b，收入《中國地方志集成》，冊25，頁342。

三、宗室的經濟特權

（一）獎勵性的賞賜

　　北宋初期的宗室政策大體承襲唐玄宗對待諸王的策略，設立諸王宅，限制宗室的居住自由，不允許宗室參與政治，這些政策大多成於太宗之手，宗室賜名授予環衛官，最低階的太子右內率府副率月俸 15 貫，冬春兩季可各得衣料綾 2 匹、絹 5 匹，冬季還有 40 兩絲綿和 1 匹羅，〔註35〕收入可與中等官員相比，只是宗子自幼便開始享受，並人人有望獲得升遷；最高層級是節度使，獲任者月領 400 貫，每年兩季各得絹 100 匹、大綾 20 匹、小綾 30 匹，春季又有羅 10 匹，冬季絲綿 500 兩；受封或繼承爵位者還可以獲得一系列額外好處，優厚的經濟待遇，紙醉金迷的榮華富貴，以及在無法想像的華奢中成長起來，容易帶來揮霍頹廢之患。

　　宋太祖的女兒永慶公主「常以貼繡鋪翠襦」，〔註36〕而引來父親的告誡，勸她學自己儉樸。〔註37〕公主起初不以為然，認為這花不了多少錢，太祖諄諄教誨：「不然，主家服此，宮闈戚里皆相效，京城翠羽價高，小民逐利，輾轉販易，傷生寖廣，實汝之由。汝生長富貴，當念惜福，豈可造此惡業之端？」〔註38〕

　　太宗對自己的弟弟廷美和姪兒德昭殘酷，對自己的兒子顯得相對寬厚。太平興國八年（983）太宗為每一個王府任命諭德和諮議，〔註39〕負責教育第五子趙元傑（972～1003）的翊善是姚坦（935～1009），兩者相處不睦。元傑在詩歌和書法方面頗有才華，「善屬詞，工草、隸、飛白」，〔註40〕並建造藏有兩萬卷書的藏書樓和附屬的遊憩亭榭，還在別墅花園中修築假山，費數百萬，竣工後大設酒席邀人來觀賞，「翊善姚坦獨頹首不視，元傑強之，坦曰：『坦見血山，安得假山。』」，〔註41〕具言「在田舍時，見州縣催租，捕人父子兄弟，送縣鞭笞，流血被體。此假山皆民租稅所為，非血山而何？」〔註42〕然而，此案非應

〔註35〕　《宋史》卷 171，志 124，〈俸祿上〉，頁 4105。

〔註36〕　（宋）楊億，《楊文公談苑》，〈太祖不許公主服翠襦〉，收入《宋元筆記小說大觀》，冊 1，頁 494。

〔註37〕　（宋）楊億，《楊文公談苑》，〈太祖服用儉素〉，頁 494：「太祖服用儉素，退朝常衣絁袴麻鞋，寢殿門懸青布緣簾，殿中設青布緣。」

〔註38〕　（宋）楊億，《楊文公談苑》，〈太祖不許公主服翠襦〉，頁 494。

〔註39〕　《宋史》卷 277，列傳 36，〈姚坦傳〉，頁 9418～9419。

〔註40〕　《宋史》卷 245，列傳 4，〈趙元傑傳〉，頁 8701。

〔註41〕　《宋史》卷 245，列傳 4，〈趙元傑傳〉，頁 8701。

〔註42〕　《宋史》卷 277，列傳 36，〈姚坦傳〉，頁 9418。

單獨譴責元傑，其父太宗也喜好此道，聽聞此事才趕緊毀去假山。

筆者已在第一章第二節提及宋真宗鼓勵宗室進行學術活動，以及宋仁宗晚年宗室人數擴增的問題。真宗時期宗室人數還不多，皇帝與親戚間的交往頗為自由平易；〔註43〕仁宗朝亦承襲此友好風氣，但直到他過世為止，宗室人數已超過四千人，〔註44〕皇帝和他的親戚交往形式逐漸演變為宮廷宴會、射箭比賽、詩友會或臨時抽考等儀式性的活動，並在會中給予成績優異者大量賞賜。〔註45〕

（二）制度化的保障

相對前述臨時、帶有競爭性等不定時的賞賜，宋朝設立制度化的俸祿結構給予宗室經濟上的保障，然而隨著人數增長，至英宗即位時，宗俸已和冗官、養兵、郊賚列為四冗，〔註46〕可見對宗室的補助已造成財政沉重負擔，以下便藉由汪聖鐸〈宋朝宗室制度考略〉製作的表格和資料說明宋朝宗室的俸祿額度，與非宗室官員的比較。

表 5-1：宋朝宗室俸錢、衣賜數額（與庶官對照）表

數額	俸錢		衣賜	
	皇親	非皇親	皇親	非皇親
節度使	400 貫	400 貫	春冬絹各 100 匹，大綾 20 匹，小綾 30 匹，春羅 10 匹，冬綿 500 兩	（不載）
節度觀察留後	300 貫	300 貫	春絹 20 匹，冬 30 匹，大小綾各 10 匹，春羅 1 匹，冬綿 100 兩	遙郡領掌兵者春冬各絹 10 匹，春羅 1 匹，冬綿 50 兩

〔註43〕 真宗和弟弟趙元偓（977～1018）往來密切，與其他宗室相處融洽，常以大量賞賜鼓勵他們進行學術活動，見《宋史》卷245，列傳4，宗室2，〈鎮王元偓傳〉，頁 8702～8703。

〔註44〕 （宋）江少虞，《宋朝事實類苑》卷33，〈置宗正及教授等官〉，頁422。

〔註45〕 趙宗顏在宴會上寫應制詩得體，獲得皇帝嘉獎，賞賜綢緞百匹，見（宋）歐陽修，《歐陽文忠公文集》卷37，〈皇從姪衛州防御使遂國公墓誌銘〉，冊49，頁282。又如趙克構好虞世南書，於宴會中比書法得第一名，故獲賞賜尤多，見（宋）劉敞，《公是集》（北京：線裝書局，2004年1版），卷52，〈大將軍使持節澤州諸軍事澤州刺史兼御史大夫護軍天水郡開國侯食邑一千八百戶贈邠州觀察使追封新平侯墓誌銘〉，6b，收入《宋集珍本叢刊》，冊9，頁774。

〔註46〕 （元）馬端臨，《文獻通考》（臺北：新興書局，民國52年10月新1版），卷24，〈國用考二〉，頁231。

觀察使	300 貫	200 貫	春冬絹各 15 匹，綾 10 匹，春羅 1 匹，冬綿 50 兩	同上
防禦使	200 貫	200 貫	同上	同上
團練使、遙防	150 貫	150 貫	同上	同上
刺史、遙團	100 貫	100 貫	（不載）	同上
大將軍帶遙刺	80 貫	50 貫	春冬各綾 10 匹，絹 15 匹，春羅 1 匹，冬綿 50 兩	春冬各綾 3 匹，絹 7 匹，春羅 1 匹，冬綿 30 兩
大將軍	60 貫	25 貫	同上	同上
諸衛將軍	分為 50、40、30 貫三等	20 貫	上等：春冬綾各 5 匹，絹 10 匹，春羅 1 匹，冬綿 20 兩 下等：春冬綾各 2 匹，絹 5 匹，春羅 1 匹，冬綿 40 兩	下等：春冬綾各 2 匹，絹 5 匹，春羅 1 匹，冬綿 20 兩
率府率	20 貫	12 貫	春冬各綾 2 匹，絹 5 匹，春羅 1 匹，冬綿 40 兩	春冬各絹 5 匹，冬綿 15 兩
率府副率	15 貫	13 貫	同上	同上
諸司使	分 40 貫、30 貫二等	37 貫至 25 貫若干等	春冬各綾 2 匹，絹 5 匹，春羅 1 匹，冬綿 40 兩	春絹 10 匹，
諸司副使至殿直	20 貫至 5 貫若干等	20 貫至 5 貫若干等	同上	春絹 4 至 5 匹，冬絹 4 至 10 匹不等，冬綿 15 至 30 兩不等

備註：此表據《宋會要》〈職官〉57 之 1 至 7、《宋史》卷 171〈職官志〉及《宋朝事實》卷 8〈玉牒〉製成，主要反映熙寧改制後至元豐改官制前的情況。表內「諸司使」項內不含內客省使。又皇親諸司副使至殿直俸錢免折支，全支現錢。

　　從上表可知，宗室任官俸祿從大將軍帶遙刺以下明顯增加，衣賜更是優渥。宋朝官員的俸祿並非全以現金全額支付，北宋初承襲後周的定數，比唐德宗貞元四年（788）減少一半，〔註47〕且在給薪時又扣除五分之一，〔註48〕京官任滿便停發俸料，某些官員如秘書郎則為無給職，一直到太宗時才不再扣除五分之一俸錢、發放秘書郎薪俸、京官任滿繼續給薪，而本官月俸「一分現錢，二分折支」〔註49〕成為定制，貫穿整個宋代，但各級官員的俸祿依然不高，直到仁宗嘉祐間（1056～1063）才正式詳細規定文、武各級官員的

〔註47〕朱瑞熙，《中國政治制度通史》（北京：人民出版社，1996 年初版），卷 6，頁657。
〔註48〕《宋會要》，〈職官〉57 之 33，冊 4，頁 3668。
〔註49〕《宋史》卷 171，志 124，〈奉祿志上〉，頁 4107、4112；又見同書卷 172，志125，〈奉祿志下〉，頁 4135。

俸祿數，南宋初因軍興而減半，後又多次減少，局勢穩定後才逐步恢復北宋舊制，因此宗室俸祿以發放現錢方式支付，〔註 50〕與一般官員相較明顯佔優勢。

此外，宋代官員用度，另有公使錢和公用錢。據學者考證，前者爲「首長特別津貼」，可以私入；後者爲「官署特別辦公費」，用於送往迎來。〔註 51〕一般官員使用時，限制重重，稍有不愼即遭彈劾貶謫，例如：北宋仁宗慶曆三年（1043）張亢「過公用錢」牽連到狄青、〔註 52〕慶曆四年（1044）任意使用「公使錢」遭彈劾貶謫巴陵郡的滕宗諒、〔註 53〕南宋朱熹彈劾唐仲友用公款印書牟利〔註 54〕等案件。宗室官員的公使錢數雖屢經削減、折絹，〔註 55〕但始終屬於「私入」的額外津貼。

（三）對弱勢宗室的救濟

南宋宗室面臨最大的挑戰是人口膨脹造成的經濟困難，儘管南宋宗室的人口總數至今沒有定論，但根據汪聖鐸〈宋朝宗室制度考略〉統計，建炎四年（1130）至紹興三十年（1160），其中 22 年有統計數，賜名授官者 433 人；〔註 56〕李心傳《建炎以來朝野雜記》所列，不包括女性和孩童，總數爲 3947

〔註 50〕 （宋）宋綬，《宋大詔令集》（臺北：鼎文書局，民國 61 年 9 月初版），卷 178，〈宗室俸錢御筆〉，頁 643。

〔註 51〕 林天蔚，〈宋代公使庫、公使錢與公用錢間的關係〉（臺北：臺灣商務印書館，民國 67 年 6 月初版），收入《宋史試析》，頁 203～248。

〔註 52〕 （宋）歐陽修，《歐陽文忠公文集》（臺北：臺灣商務印書館，民國 64 年 3 版），卷 102，〈論乞不勘狄青侵公用錢箚子補〉，收入《四部叢刊初編》，冊 50，頁 794。

〔註 53〕 《宋史》卷 292，列傳 51，〈鄭戩傳〉，頁 9768。

〔註 54〕 （宋）朱熹，《朱文公文集》（臺北：臺灣商務印書館，民國 64 年 3 版），卷 18，〈按唐仲友第三狀〉，收入《四部叢刊初編》，冊 58，頁 274～276。

〔註 55〕 《長編》卷 136，仁宗慶曆二年五月壬子條，頁 3250：「壬子，内出詔書，減皇后及宗室婦郊祀所賜之半，著爲式。又詔皇后、嬪御進奉乾元節回賜權罷邊事寧日聽旨。於是皇后、嬪御各上俸錢五月以助軍費，宗室刺史以上亦納公使錢之半。荊王元儼盡納公使錢，詔以半給之。」；《長編》卷 209，英宗治平四年閏三月己丑條，頁 5085：「樞密使、永興軍節度使文彥博言：『蒙賜本鎮公使錢三分之一，向因奏事略具陳述，蓋樞府無燕犒之費，公錢無虛受之理，伏望寢罷。仍乞自今樞密使領節度使準此。』從之。舊例，在京公使錢，惟宗室減一半，管軍三分給一，餘悉罷。後增樞密使例，至是因彥博辭而罷之。」

〔註 56〕 〈宋朝宗室制度考略〉，頁 179。

人；若根據北宋遺留下的法規，〔註 57〕五歲才得賜名授官，宗室成員總數當超過 8000 人，〔註 58〕而居住在臨安以外的宗室費用由州縣負擔。因此，當朱熹在奏章內抱怨宗室俸給一年多一年，有一、二個州被吃垮也是理所當然的。〔註 59〕

　　然而朱熹批判的並非表面那麼簡單，法令規定沒有兄弟伯叔可以依靠者才能申請孤遺俸，〔註 60〕因一官之俸比不上孤遺眾分之多，導致子孫繁多的宗室反而不願意出官。他在《朱子語類》中提到：

> 今則有伯叔兄弟爲官者，反得憑勢以請孤遺之俸；而眞孤遺無依倚者反艱於請，以其無援，而州郡沮抑之也。不知當初立法如何煞有不公處！〔註 61〕

此處點出宗室內部的貧富分化，以及制度施行過程的不公。另一層因素，則是地方官拖欠應當發放的宗室孤遺錢米，〔註 62〕寧宗嘉定五年（1212）宗正寺主簿陳卓（1167～1252）上奏：「三祖下流派枝葉之茂旳分彪別，日益歲增。已訓名者動以萬計，而未訓名者，不與馬蓋」，〔註 63〕指出未按照訓名的宗室因沒有登記在玉牒而資格弱化；嘉定十六年（1223）的奏章更進一步提到這些宗室因資格弱化而無法將所需材料送到州縣，由州縣轉交宗正寺，「道里往來，費不知其幾，所以家貧無力者，每不暇訓名。甚而降生有據，亦未必畫由宗司陳給存亡之數」，〔註 64〕說明未登記在玉牒的宗室困境。

　　相較於貧困宗室，趙伯澐的生活顯然天差地遠，根據目前蒐集到的資料，他最高只當到鹽官知縣，墓葬出土文物珍品無數，大多爲絲織品，其中最有

〔註57〕　《宋會要》，〈帝系〉4 之 6，頁 96：「大宗正司言先朝政事，宗室子孫七歲始賜名授官，今在襁褓者已有恩澤。請自今遇乾元節、南郊聽官其一子，餘須俟五歲方得陳乞。」；《宋會要》，〈帝系〉4 之 9，頁 97：「判大宗正司允讓言宗室養子，須五歲然後賜名授官，毋得依長子不限年。」

〔註58〕　《宋代宗室史》，頁 214。

〔註59〕　《朱子語類》卷 111，〈論財〉，頁 2720：「頃在漳州，因壽康登極恩，宗室重試出官，一日之間，出官者凡六十餘人。州郡頓添許多俸給，幾無以支吾。朝廷不慮久遠，宗室日盛，爲州郡之患，今所以已有一二州郡倒了。」

〔註60〕　《朱子語類》卷 111，〈論財〉，頁 2720：「在法，宗室無依倚者，方得請孤遺俸，有依倚者不得請。有依倚，謂其伯叔兄弟有官可以相依倚，而不至於困乏。」

〔註61〕　《朱子語類》卷 111，〈論財〉，頁 2720～2721。

〔註62〕　《宋會要》，〈帝系〉7 之 19，頁 156。

〔註63〕　《宋會要》，〈帝系〉7 之 19～20，頁 156。

〔註64〕　《宋會要》，〈帝系〉7 之 26，頁 159。

價值者爲墓主私人蒐藏，南唐時的玉璧，是南唐開國皇帝李昇的祭天之物。〔註65〕同爲宗室，生活水準天差地遠，難怪朱熹大爲憤慨。

此外，另有找到兩個宗室出任外官多年，依然貧困的案例。根據劉克莊撰〈秘閣東巖趙公行狀〉記載：

> 公諱彥侯，字簡叔，宗室秦悼魏王之後……光宗登極，補將仕郎……今上登極，賜進士第，歷常熟主簿、鄂州法曹、夔州錄參，因留蜀十年……改秩，知安溪縣，繼陳公宓之後，潔廉豈弟，與陳齊名。縣小俸薄，公苦淡過甚，竭立營太夫人旨甘，自食麤糲而已。……秩滿，就部注兩浙轉運司主管文字，歲餘，丁文安憂。服除，提轄左藏庫，坐失覺察吏盜金去國。俄予祠，時方挈家抵京，貧不能歸，僑居于雲。……入仕四十餘年，家無留貲，歲晚歸來，猶糴米而食。
> 〔註66〕

趙彥侯，生卒年不詳，寶慶二年（1225）進士，官至湖南轉運判官，行狀中「貧而廉爲尤難，去如至尤不易」正說明南宋清官艱難的寫照。

另一個例子是趙仕可（生卒年不詳），多次寫信向他的朋友歐陽守道（約1211～1276）訴苦仕途艱難。後者在〈送趙仕可序〉內形容仕可的境遇：

> ……仕可雖宗室子，發跡書生，一寒無援，家又無升合之田，居官得俸，入纔支出。官滿日歸，依舊故貧。數其登科之歲，於今且十有四年，其不能無望於寸進，固人情也。故書來時，時相訴以脫選之難，而頗有望於衰老無用之人，以爲是嘗有列於朝、在廷諸老與外之州牧侯伯，或頗有雅故，可以吹噓而薦送之者，求一言以轉道姓名與其平生之志業。〔註67〕

歐陽守道（1208～1272）《宋史》有傳，〔註68〕活動時間約在理宗淳祐至度宗咸淳年間，仕途多浮沉州縣，曾在白鷺洲、嶽麓書院講學，以醇儒聞名於世，門人、學友眾多，故趙仕可希望他能引薦自己給當道。

〔註65〕趙伯澐曾任鹽官知縣的資料，見《咸淳臨安志》卷51，〈秩官九·縣令〉，26b，收入《文淵閣四庫全書》，冊490，頁548；趙伯澐墓葬考古，見 https://kknews.cc/culture/ap55yj.html。

〔註66〕《後村先生大全集》卷169，〈秘閣東巖趙公行狀〉，11b～13b，頁710。

〔註67〕（宋）歐陽守道，《巽齋文集》（臺北：臺灣商務印書館，民國60年初版），卷9，4a～4b，收入《四庫全書珍本》，冊312。

〔註68〕《宋史》卷411，列傳170，〈歐陽守道傳〉，頁12364～12366。

　　宗室出任外官尚且如此，一般官員丁憂、待闕都是不支俸，如是小官，赴任、離任更是備感艱辛，例如王栐形容「小官到罷，多芒履策杖以行，婦女乘驢已爲過矣」，〔註69〕不過這是講北宋初期俸祿微薄的情況，北宋士大夫「貧宦」情形參照楊貞莉《北宋士大夫的城居與生活》，待闕、和士人往來、接濟宗族和租屋等開銷，都是造成「貧宦」的因素；〔註70〕南宋部分，陸游的自述較爲具體，他在〈上虞丞相書〉內提到自己爲官的困境：

> 某行年四十有八，家世山陰，以貧悴逐祿於夔。其行也，故時交友
> 釀縮錢以遣之。陝中俸薄，某食指以百數，距受代不數月，行李蕭
> 然，固不能歸，歸又無所得食，一日祿不繼，則無策矣。〔註71〕

在家鄉丁憂還可靠鄉親、地方發起的賑濟制度支應，如到臨安待闕，以南宋官多職少的現象和行都生活行情，對低階官員而言無疑是沉重負擔，往往得借貸度日，這樣更提升官員的廉潔難度。〔註72〕

　　因此，朱熹指稱宗室官員的待遇過於優渥，「如宗室丁憂，依舊請俸；宗室選人待闕，亦有俸給，恩亦太重矣」，〔註73〕此法應是延用北宋嘉祐四年（1059）「宗室解官給全俸」、〔註74〕熙寧十年（1077）「詔宗室換授外官，遭喪解官行服者，全給前官請俸」、〔註75〕元祐八年（1093）再度重申「宗室小使臣丁憂，父祖俱亡者，祖免親許給俸；非祖免親，許給半俸」，〔註76〕由此可見一斑。該情況持續到晚宋都沒有改善，眞德秀在二度擔任知泉州時（約在1231年），針對在地宗室對泉州財政造成沉重負擔一事上奏：

> 竊見本州通年以來，公私窘急，上下煎熬，雖其積非一日，其病非
> 一端，然其供億之難、蠹耗之甚，則惟宗子錢米一事而已。〔註77〕

〔註69〕（宋）王栐，《宋朝燕翼詒謀錄》（北京：中華書局，1985年1版），卷1，〈遠官丁憂不解官〉，收入《叢書集成初編》，冊3888，頁8。

〔註70〕楊貞莉，《北宋士大夫的城居與生活》，臺北：臺灣師範大學歷史研究所，碩士論文，民國96年6月。

〔註71〕（宋）陸游，《渭南文集》（北京：線裝書局，2004年1版），卷13，〈上虞丞相書〉，4b～5a，收入《宋集珍本叢刊》，冊47，頁128～129。

〔註72〕劉子健，〈包容政治的特點〉，頁70。

〔註73〕《朱子語類》卷111，〈論財〉，頁2721。

〔註74〕《長編》卷190，仁宗嘉祐四年九月丙午條，頁4592。

〔註75〕《長編》卷283，神宗熙寧十年七月壬子條，頁6931。

〔註76〕《宋會要》，〈帝系〉5之8，頁115；《長編》卷484，哲宗元祐八年五月甲午條，頁11504。

〔註77〕（宋）眞德秀，《西山先生眞文忠公文集》卷15，〈申尚書省乞撥降度牒添助

真德秀直言造成泉州財政危機的元兇，乃是居住在當地的宗室。泉州是南宋宗室最大聚集地，南外宗正司的重要性甚至超過臨安宗室，根據同篇奏章的統計，建炎置司之初，宗子僅 349 人，至慶元中，在院者 1300 餘人，外居者 440 餘人；到真德秀二度任知州時，則在院者 1427 人，外居者 887 人，雖然比之慶元中增 500 餘人，〔註 78〕但自建炎至淳熙間，朝廷、轉運司對宗室的補助較多，由泉州補貼者少，淳熙以後情況卻顛倒，幾乎變成由泉州一力承擔，而慶元後泉州田產兼併隱匿嚴重、海舶不來，導致景氣低迷和稅賦不足，令泉州財政難以支付宗室的補助款。〔註 79〕

當時南宋與蒙古長期交戰，加上市舶司官員對海商刻剝過甚，使得願意前來的外商數量大幅縮減，泉州無力應付的情況下自然產生拖欠宗室俸祿、糧料的情況，真德秀也拿不出良好的方子，只能要求朝廷撥發度牒、重新釐定轉運司和市舶司的分攤額度。〔註 80〕

四、宗室的法律與考試特權

（一）法律特權

俗諺：「天子犯法，與庶民同罪」，表達的是一種理想，實際上如《史記》所載：「千金之子，不死於市」，〔註 81〕宋朝對犯罪的宗室，只要不是涉及謀逆，懲處通常都很寬大，且不由地方審理，一律交由宗正司，甚至皇帝親自裁決，如慶曆四年（1044）二月二十三日，大宗正司言：「皇族凡有違越過失，請從本司舉劾。」從之；〔註 82〕皇祐五年（1053）：「詔應宗室犯姦私不孝、贓罪，若法至除名勒停者，並不得敘用，仍不許歸宮；所犯不至除名勒停者，並臨時取旨。」〔註 83〕政和七年（1117）九月七日再度重申，並要求執法單

宗子請給〉，10b～11a，冊 76，頁 48～49。

〔註 78〕 （宋）真德秀，《西山先生真文忠公文集》卷 15，〈申尚書省乞撥降度牒添助宗子請給〉，11a，冊 76，頁 49。

〔註 79〕 （宋）真德秀，《西山先生真文忠公文集》卷 15，〈申尚書省乞撥降度牒添助宗子請給〉，11a～13a，冊 76，頁 49～50。

〔註 80〕 （宋）真德秀，《西山先生真文忠公文集》卷 15，〈再申尚書省乞撥降度牒〉，17b～19a，冊 76，頁 52～53。

〔註 81〕 （漢）司馬遷，《史記》（臺北：鼎文書局，民國 63 年 1 版），卷 41，世家 11，〈越王句踐〉，頁 1753：「朱公居陶，生少子。少子及壯，而朱公中男殺人，囚於楚。朱公曰：『殺人而死，職也。然吾聞千金之子不死於市。』」

〔註 82〕 《宋會要》，〈帝系〉4 之 6，頁 96。

〔註 83〕 《宋會要》，〈帝系〉4 之 9，頁 97。

位不得任意拷問。〔註84〕

　　不許歸宮之意，乃宗室因犯罪除名後，禁止其返回敦宗院、睦親宅、諸王宮等宗室集體住宅。此外，在《長編》、《名公書判清明集》和《宋會要》中皆有宗室犯罪的判例，以下分別敘述之。

A. 北宋趙世居案

　　整起案件的詳盡史料見於《長編》卷259至卷266，相關研究參見李裕民撰〈宋神宗製造的一樁大冤案──趙世居案剖析〉，〔註85〕這場錯綜複雜的案件暴露北宋宗室管理問題，也揭示神宗朝政治文化的特點，即新舊黨爭和兩派間內部的傾軋。

　　這是北宋大宗正司成立以來面對的最大宗案件，案件的開端從熙寧八年（1075）正月，山東沂州（今山東省臨沂市）平民朱唐告發前餘姚縣主簿李逢密謀反叛，提點刑獄王庭筠奉命前去調查，回報李逢雖有毀謗朝廷的言論，但無謀反行為，〔註86〕神宗對此表示不滿意，另外派遣御史臺推直官蹇周輔鞫問，三月初即上報，不但獲得李逢供狀，還牽扯出試將作監主簿張靖、醫官劉育、司天監學生秦彪，以及秀州團練使趙世居。

　　本案牽扯人數眾多，最大特色是皇帝親自參與審判，針對宗室趙世居的判決遭到王安石逐條駁回，然而趙世居仍難逃一死。《長編》詳盡記載王安石與宋神宗間的對話：

> 先是，范百祿言徐禧論滕甫事過當。上謂王安石，滕甫不合移鄧州，甫元無罪，因禧有言故移。安石曰：「甫移鄧州，臣尚未至，不與此議。然甫姦憸小人，陛下若廢棄之於田里，乃是陟降上合帝心。今令安撫一路，而妻弟謀反於部中，豈得無不覺察罪？且因妻弟反獄在其部，移與別路安撫，有何所苦於公議，有何不允？」上曰：「若明其平生罪狀，廢放可也，不當因此事害之。」安石曰：「移鄧州安撫，害甫何事？」上又言：「有言逆於汝心，必求諸道；有言遜於汝志，必求諸非道。」安石曰：「此固然，但恐以非道為道，以道為非道，即錯處置事矣。」翼日，王珪、呂惠卿進呈滕甫乃徐禧未言以

〔註84〕《宋會要》，〈帝系〉5之28，頁125。
〔註85〕李裕民，〈宋神宗製造的一樁大冤案──趙世居案剖析〉，收入《宋史新編》（西安：陝西師範大學出版社，1999年1版），頁30～46。
〔註86〕《長編》卷261，神宗熙寧八年三月丙申條，頁6356。

前，上令移之。上又言劉瑾與世居往還書簡比甫更多，有不容居內
之語。安石曰：「不容居內是何意，不知謂陛下不能容，或謂執政不
能容，或謂簡汰不容，皆不可知，亦未可深罪瑾也。」上曰：「然要
不可令作帥。聞說瑾甚懼朝廷放棄。」安石曰：「宗室如此事，近世
未有，瑾自宜恐懼。」呂惠卿又言：「王鞏與韓絳親戚，取下狀三日
不奏，王珪點檢方奏，元狀甚疑，韓知情後，勘得乃無罪。若使鞏
與臣及王安石親戚，三日取下狀不奏，因王珪點檢方奏，即大涉嫌
疑也。」上曰：「鞏情不佳。」安石曰：「鞏情亦無甚可惡。」上曰：
「鞏見徐革言世居似太祖，反勸令焚毀文書。」安石曰：「杜甫贈漢
中王瑀詩云『齱鬚似太宗』，與此何異。令燒毀文書，文書若燒毀，
即於法無罪。既與之交游，勸令避法禁，亦有何罪，罪止是不合入
宮邸耳。」上問處置世居事，安石曰：「世居當行法，其妻及男女宜
寬貸，除屬籍可也。今此一事，既重責監司，厚購告者，恐開後人
誣告干賞，官司避罪，將有橫被禍者。願陛下自此深加省察。方今
風俗，不憚枉殺人命，陷人家族以自營者甚眾。」上曰：「事誠不可
偏重也。」及是，斷獄如安石議。士寧初議免真決，韓絳力爭之，
遂依法。〔註87〕

王安石雖然否定皇帝的定罪理由，卻沒有否決刑責，只求皇帝寬宥其家屬和
其他涉案人士。

　　如果單就此案來推斷神宗極度畏懼覬覦皇位者的挑戰，哪怕「只是想想、
隨便說說」都不可以，那便過於失之武斷。

　　神宗趙頊的父親英宗趙曙能夠由宗室入繼大統，乃因仁宗無子，而對宗
室的防範則肇始於宋初太祖、太宗間「燭影斧聲」疑案，從此以後幾乎不再
賦予宗室實權官職。直到神宗時，才因宗室開支過於龐大而決定改革，改革
方案經由兩府商議，從熙寧二年至五年（1069～1072），讓祖免親宗室出任
外官的政策已見施行，即使服紀疏遠，仍為祖宗子孫，按照「金匱之盟」，
祖宗之法，仍擁有帝位繼承權，因此不能不將此案視為殺雞儆猴的手段。另，
南宋初意圖奪回徽欽二帝的宗室趙叔向、〔註88〕秀州兵變事件中的趙叔近

〔註87〕《長編》卷263，神宗熙寧八年四月壬子條，頁6446～6448。
〔註88〕《宋史》卷24，本紀24，〈高宗一〉，頁446；又見於《宋史》卷247，列傳6，
　　　　〈趙叔向傳〉，頁8765。

〔註89〕兩起案子來看，都是擔心掌握實權的宗室官員圖謀帝位的結果。

B. 《宋會要》中的案例

1. 紹興十七年（1147）二月二十一日，詔承節郎監澤州南嶽廟趙伯廣，以毆打百姓致死，會赦，除名勒停，送宗正司拘管。〔註90〕

2. 紹興二十九年（1159）六月十二日，詔無官宗子趙公骥特貸命，令臨安府差人押赴大宗正司庭訊，訖，拘管，坐令百姓毆人至死故也。〔註91〕

毆打致死是項重罪，如果犯法者是平民，最重可處以絞刑。《宋刑統》載：

> 諸鬪毆殺人者絞，以刃及故殺人者斬。雖因鬪，而用兵刃殺者與故
> 殺同。注云：為人以兵刃逼己，因用兵刃拒而殺傷者，依鬪法。餘
> 條用兵刃准此。〔註92〕

指使他人毆死人，指使者也是死罪。據《宋刑統》載：

> 及威力使人毆擊而致死傷者，雖不下手，猶以威力為重罪，下手者
> 減壹等。
>
> 議曰：假有甲恃威力而使乙毆殺丙，甲雖不下手，猶得死罪，乙減
> 壹等，流參阡里。〔註93〕

C. 《名公書判清明集》中的宗室犯罪

1. 蔡杭（1193～1259）書判

蔡杭，字仲節，號久軒，建陽（今屬福建）人。紹定二年（1229）進士，祖父元定、父沉均為朱熹學生，〔註94〕以下判決為蔡杭於江東提刑任內所判，故時間應不早於淳祐七年（1247）。

a.〈儆飭·杖趙司理親隨為敷買絲〉原文如下：

> 時官不依市價買絲，乃大秤抑勒牙人敷買，既買入宅，數日後又復
> 訊打退還。仕宦如此，亦可恥矣！彭德為時官親隨，乃與牙人周言
> 入店飲酒，又教本官以貼耗退絲，又將牙人摑打吊縛。親隨如此，

〔註89〕（宋）王明清，《揮塵三錄》（北京：中華書局，1985 年 1 版），卷 2，收入《叢書集成初編》，冊 2772，頁 797～801。

〔註90〕《宋會要》，〈帝系〉6 之 19，頁 139。

〔註91〕《宋會要》，〈帝系〉6 之 30，頁 145。

〔註92〕（宋）方子樞，《宋刑統》（臺北：文海出版社，民國 53 年初版），卷 21，〈鬪訟律·鬪毆故毆故殺〉，頁 695。

〔註93〕《宋刑統》卷 21，頁 705。

〔註94〕《宋史》卷 434，列傳 193，〈蔡元定傳〉，頁 12875～12876。

> 主人可知矣。乃敢攪擾及敢討六貫，周昌爲廳吏，乃敢執大秤秤絲。
> 三名並勘杖八十。周言所訴乞覓多處，勘杖八十，封案。前輩居官
> 不買官物，趙司理宗室氣習，宜其不識此，且免具析，牒府照行。
> 〔註95〕

此案件主角是宗室官員的親隨彭德，仗著主人威勢，勾結廳吏周昌、牙人周
言上下其手，而當司理的宗室官員因對程序不瞭解而任其所爲，葉適感嘆「官
無封建而吏有封建」，〔註96〕陸九淵詳盡解釋胥吏猖狂的根柢：

> 官人者異鄉之人，吏人者本鄉之人。官人年滿者三考，成資者二考，
> 吏人則長子孫于其間。官人視事則左右前後皆吏人也，故官人爲吏
> 所欺、爲吏所賣，亦其勢使然也。〔註97〕

　　b.〈差役・借名避役〉原文：

> 始借趙姓詭名以避役，今爲趙杕夫所奪，亦所自取，無足憫者。牒
> 軍催已斷因依申。〔註98〕

這是一起依附宗室名下來逃避差役，卻爲宗室趙杕夫奪去財產的案例，由此
得知宗室具有免役的特權，以及庶民爲躲避差役不惜將財產置於宗室名下的
實例。

　　c.〈僧道・僧爲宗室誣賴〉

　　該案件的起因乃是寄居寺院的宗室趙保義（郎），利用自己的侍婢威脅方
丈，「一不從所求，即以姦事誣脅」，〔註99〕另一名宗室趙時靐替方丈如義狀
訴抗辯，此案才由蔡杭判定爲誣告。

　　此案說明兩件事，一是地方官對宗室的觀感，「誣賴騙挾，何所不至」，〔註
100〕二是紹興十三年（1143）爲安置從東京流亡來的宗室所行的暫時措施，「若

〔註95〕 （宋）佚名，中國社會科學院歷史研究所隋唐五代宋遼金元史研究室點校，《名
　　　　公書判清明集》（北京：中華書局，1987年1版），卷1，〈懲飭・杖趙司理親
　　　　隨爲敷買絲〉，頁23。

〔註96〕 （宋）葉適，《葉適集・水心別集》卷14，〈吏胥〉，頁808。

〔註97〕 （宋）陸九淵，《象山先生文集》（北京：線裝書局，2004年1版），卷8，〈與
　　　　趙推〉，6b～7a，收入《宋集珍本叢刊》，冊63，頁583～584。

〔註98〕 《名公書判清明集》卷3，〈差役・借名避役〉，頁77。

〔註99〕 《名公書判清明集》卷11，〈僧道・僧爲宗室誣賴〉，頁406。保義郎爲宋武
　　　　職官階，排序第五十，見《宋史》卷169，志122，〈文武散官〉，頁4055，多
　　　　爲授宗室量試及格前三名之官。

〔註100〕 《名公書判清明集》卷11，〈僧道・僧爲宗室誣賴〉，頁405。

無官舍,即從本州措置,權于寺宇作宮院居住」,〔註101〕到宋理宗時已變成貧困宗室的長期居所。

2. 范應鈴（約1218年前後在世）書判

范應鈴,字旂叟,號西堂,豐城（今屬江西）人。開禧元年（1205）進士,曾受周必大賞識。〔註102〕

他在本書中涉及宗室的判詞只有一篇,內容類同前述蔡杭所判〈差役‧借名避役〉,主要針對迎娶宗女並以此避役的形勢戶所下判決。本案原已經當地知縣以「婦人從夫,若欲以宗女蓋蔽編民戶役,世無此條」〔註103〕判決必須服役,案主趙八郡主上訴提刑司,藉胥吏之手想翻案,范應鈴按照條律和調查結果予以駁斥。由於文中云及郡主之夫鄭讜「人在廣濟,田在蘄春,役隨田充,又何難差之有」,〔註104〕故應為其在蘄州（今湖北蘄春縣）通判任內所判。

此案最大的特色在於范應鈴所下判詞,直白剖析趙八郡主避役的心態。原文如下:

> 當趙氏未嫁鄭讜之時,孤遺固當念,女戶固當立,今既從夫,其戶猶是趙八郡主,其意猶欲官司恤孤,不知所嫁之夫將為何用,不審所具之法引用何條?〔註105〕

娶宗女可獲官,脫離布衣身分,然宋代官戶特權並不多,和宗室的待遇相較,仍是後者為佳,此乃趙八郡主心態使然。

3. 吳勢卿（生卒年不詳）書判

吳勢卿,字安道,號雨巖,建安（今福建建甌）人。淳祐元年（1241）進士。所收入涉及宗室的判詞只有一項,然而無疑是最為重要的範例。案發地點在饒州（今江西鄱陽縣）,故可知此為吳勢卿在江南東路提點刑獄任內的判詞。本案主角趙若陋以宗室的身分橫行鄉里多年,和他的同夥為非作歹,曾弄出人命,於秋試中毆打舉人,對他的制裁卻微乎其微。吳勢卿在判詞中列舉他的罪狀:

> 專置譁局,把持饒州一州公事,與胥吏為黨伍,以惡少為爪牙,以

〔註101〕《宋會要》,〈職官〉20之39,頁2840。
〔註102〕《宋史》卷410,列傳169,〈范應鈴傳〉,頁12344。
〔註103〕《名公書判清明集》卷3,〈差役‧以宗女夫蓋役〉,頁76。
〔註104〕《名公書判清明集》卷3,〈差役‧以宗女夫蓋役〉,頁76。
〔註105〕《名公書判清明集》卷3,〈差役‧以宗女夫蓋役〉,頁76。

至開櫃坊，霸娼妓，騙脅欺詐，無所不有。……謂如魯海，被若陋
椿造脅詐，以致死於非命。……去秋士子羣集秋試，若陋輒將夏斗
南兒打……。〔註106〕

他的同夥陳念三、陳萬三均杖脊編配，對趙若陋的懲罰不過是「押送外宗拘
管，併移其家」，〔註107〕相對而言，對趙若陋的懲處寬容得多。〔註108〕

（二）考試特權

宗室考試分爲量試、鎖廳試。量試及格者只授予武選官「承信郎」，前三
名授予「保義郎」，但不具有進士功名，且名單與武舉一同公布；宗室舉人和
非宗室舉人的考試程序相同，及第者亦同樣得到「進士」科名，但是種種針
對宗室的優惠使得他們及第的難度大幅降低。

首先是稱爲「鎖廳試」的考試，雖然針對袒免親舉辦，但參與者不一定
是袒免親，這是基於人數因素的現實考量。考試內容爲三道策問、一道策論
和一大經的經義十條；更爲疏遠的宗室則先參加國子監，後參加禮部省試，
但是錄取名單、排名有別於一般舉人，錄取率高達五成，每次人數不超過五
十人；〔註109〕宗室舉人只考一部大經，而一般舉人考試在除一大經外還要考
《論語》或《孟子》，兩者相較難度差別頗大。

該優待於哲宗元祐三年（1088）三月十六日罷廢，〔註110〕其結果造成該年
參加科舉的五百名宗室中只有二人中進士，元祐七年（1092）六百零二人中只
產生八名進士，然而若再參照蔡京（1046～1126）針對宗室進士人數，從熙寧
變法至崇寧元年（1102）的統計，三十四年間只產生二十名進士〔註111〕來推論，
以及南宋宗室進士任官數量大增的情況，此人數可判定爲變革中的陣痛期。

然而到南宋，分開考試的辦法再度恢復。根據《宋會要》記載如下：

紹興二十五（1155）年十一月二十八日，同知大宗正事士㣈奏：「望
令今後得解宗子不以有官無官，願與異姓舉子混同考試者聽。如有

〔註106〕《名公書判清明集》卷11，〈宗室·宗室作過押送外司拘管爪牙並從編配〉，
頁398～399。
〔註107〕《名公書判清明集》卷11，〈宗室·宗室作過押送外司拘管爪牙並從編配〉，
頁399。
〔註108〕或者尚有從宗譜除名之懲處，見《宋代宗室史》，頁217。
〔註109〕《長編》卷233，神宗熙寧五年辛巳條，頁5647；《宋史》卷157，志110，〈選
舉三〉，頁3676；《文獻通考》卷31，〈選舉考四〉，頁294。
〔註110〕《宋會要》，〈帝系〉5之7，頁115。
〔註111〕汪聖鐸，〈宋朝宗室制度考略〉，頁182。

中選之人，乞稍加採擢；如不願與異姓舉子混試者，只依舊法施行。
〔註112〕

南宋對袒免親宗室的有官鎖廳應舉，非袒免親宗室的無官應舉，袒免親宗室的無官取應，及大部分宗室官員久沉下僚的情況，見張希清〈宋代宗室應舉制度述論〉，〔註113〕祖慧的〈南宋宗室科舉制度探析〉〔註114〕釐清量試不具科名，爲謀更高出身仍得參加解試。

　　根據《南宋登科錄兩種》記載，紹興十八年（1148）取進士數 331 人，其中 18 名宗室，占進士人數的十八分之一；到了宋理宗寶祐四年（1256），該年進士總數 601 人，宗室 85 人，占進士人數的七分之一。檢視〈寶祐題名錄〉宗室籍貫和父祖輩有官與否，其中 27 人父祖皆無官，以南宋中期後非宗室舉人父祖輩無官中進士人數相比，無疑仍占優勢。〔註115〕

D. 近期研究

　　何兆泉在其著作《兩宋宗室研究——以制度考察爲中心》中指出，散居地方的宗室，倚仗特權，爲禍鄉里，從強奪海商巨舟、擠走奉公執法官員，到強佔親戚房產墳地，更惡劣者，受害者求助西外宗正司、其他宗室士大夫，不是終無結果，就是不顧是非、官官相護，令地方士民對宗室極爲不滿。〔註116〕

　　另一案例，何兆泉氏引用嘉定十一年（1218）五月，知泉州眞德秀率地方軍民，協力平定王子清、趙希㐌等爲首的泉漳海盜集團，其中趙希㐌應爲宗室，且是名臣趙子游後代，從兄弟間尚有趙師秀、近屬間有趙與懽、趙孟傳父子，因此何氏對趙希㐌爲何淪落到成爲海盜頭目感到疑惑。〔註117〕

　　在此，筆者提供幾種可能：一是，貪求巨富；二是，親戚太優秀，心理

〔註112〕《宋會要》，〈帝系〉6 之 23，頁 141。

〔註113〕張希清，〈宋代宗室應舉制度述論〉（中國文化大學出版，民國 85 年 3 月初版），收入《第二屆宋史學術研討會論文集》，頁 451～468。

〔註114〕祖慧，〈南宋宗室科舉制度探析〉，收入《歷史研究》2011 年第 2 期，頁 35～49。

〔註115〕父祖輩有官者除經濟無虞匱乏，更重要的是能夠覷見秘府藏書，見《宋史》卷 156，志 109，〈選舉志二〉，頁 3635：「嘉泰元年，起居舍人章良能陳主司三弊：『一曰沮抑詞賦太甚，既暗削分數，又多置下陳。二曰假借春秋太過，諸處解榜，多竄首選。三曰國史、實錄等書禁民私藏，惟公卿子弟因父兄得以竊窺，冒禁傳寫，而有司乃取本朝故事，藏匿本末，發爲策問，寒士無緣盡知。』」

〔註116〕《兩宋宗室研究——以制度考察爲中心》，頁 138～142。

〔註117〕《兩宋宗室研究——以制度考察爲中心》，頁 155～156。

不平衡；三是，追求刺激。

海上貿易，風險大，獲利也大，當海盜更是無本買賣，如再考慮到弱勢宗室的貧困，分贓所餘，或許拿來賑濟同宗；心理因素，趙師秀爲永嘉名士，趙與懽、趙孟傳爲政壇名臣，趙希郤卻不見功名，或許還空有一身武藝，卻缺乏門路無法從軍；追求刺激，海上生活，比起陸地危險重重，成爲不甘養尊處優，或混跡行伍的趙希郤的選擇。以上缺乏史料佐證，故皆爲假設，僅供讀者參考。

第二節　宗室官員的特色

北宋君主大多親自裁決政務，直到宋徽宗這般醉心文化、藝術而無心朝政的皇帝，才出現蔡京這樣的權相。靖康之難後，南宋的中興之君高宗任用秦檜強行議和、殺岳飛；中期出現的韓侂冑、史彌遠、史嵩之乃至賈似道，表面上看起來相權極大，而這不過是反映皇權更爲強大。皇權擴增是南宋初期由高宗刻意造成，連帶使依靠皇權的「近習」，如高宗的宦官康履、御醫王繼先；理宗的宦官董宋臣，勢力之龐大、氣燄之囂張，連外朝官員都不得不禮讓三分，而擁有雙重身分的宗室官員，夾在皇權與官僚集團間，立場格外尷尬，能否兩者兼顧變得至關重要，如不能，該選魚或熊掌亦是重大抉擇。

一、宗室官員的士大夫意識與皇權延伸的雙重認同

（一）宋高宗刻意提高君權

從建炎元年（1127）五月，高宗在河南應天府即位，同年十月移揚州行在，〔註118〕至建炎三年（1129）三月出奔，其狀甚爲狼狽。據《要錄》記載：

> 壬子，金人陷天長軍。上遣左右內侍鄺詢往天長軍覘事，知爲金人至，遽奔還。上得詢報，即介冑走馬出門，惟御營都統制王淵、內侍省押班康履五六騎隨之。過市，市人指之曰：「大家去也！」俄有宮人自大內星散而出。城中大亂，上與行人並轡而馳。……上次揚子橋，一衛士出語不遜，上掣手劍刺殺之。〔註119〕

由此段敘述可窺知李心傳的文筆生動，除逃難時的倉皇表現、汪黃二人試圖

〔註118〕（宋）熊克，《皇朝中興紀事本末》（北京：北京圖書館出版社，2005年3月1版），卷13，頁85。

〔註119〕《要錄》卷20，建炎三年二月壬子條，頁390。

粉飾太平，乃至高宗逃亡時的心境表露無疑。我們還能夠從此段敘述得知二事，一是高宗對軍隊和文臣不信任，二是對自己不尊重的人必然報復。

而讓他對文臣武將信心降至谷底，決意推行君臣「勢益懸絕」的催化劑乃是建炎三年（1129）三月癸未發動的「苗劉之變」，據徐秉愉〈由苗劉之變看南宋初期的君權〉[註120] 研究高宗從退位為太上皇、自貶為皇太弟到復辟，多處於被動狀態，有如板上魚肉，直到事變過後九年，紹興八年（1138）和議前與龍如淵、李誼的對話中，可知高宗仍心懷耿耿。《要錄》記載如下：

> （龍）如淵與李誼入對。上曰：「士大夫但為身謀，向使在明州時，朕雖百拜亦不復問矣。」上辭色俱厲。如淵曰：「今日事勢，與在明州時不同。」誼曰：「此事莫湏召三大將來，與之商議，取具穩當乃可。」上不答，久之曰：「王倫本奉使，至此亦持兩端，秦檜素主此議，今亦來求去。去則無害，他日金人只來求朕，豈來求秦檜？」[註121]

對話中，對文臣的不滿溢於言表，如再加上「苗劉之變」後沿江防線失守，導致他逃竄沿海，一度躲避海上的負面影響，對自身地位的危機意識、皇帝權威淪喪、國家穩定和存續，面對文官對君權的潛在威脅、武將專擅廢立，使高宗亟欲鞏固君權，提升皇帝在臣僚心目中的地位。

（二）朱熹對君臣勢益懸絕的擔憂

文彥博（1006～1097）曾對宋神宗說過：「為與士大夫治天下，非與百姓治天下也。」[註122] 南宋陳淵（？～1145）亦云：「夫士大夫，天子所與共理者也。」[註123] 魏了翁：「臣聞人主所與共天下者，二三大臣也。」[註124] 洪天錫（1202～1267）向宋理宗抗議：「舉天下窮且怨，陛下能獨與數十人者共天下乎？」[註125] 直至宋度宗時，開慶六士之一的劉黻且上言：「政事由中書則治，不由中書則亂，天下事當與天下共之，非人主所可得私也。」[註126]

〔註120〕徐秉愉，〈由苗劉之變看南宋初期的君權〉，收入《食貨月刊》復刊第 16 卷，11～12 期，臺北：食貨月刊社，民國 77 年 3 月，頁 26～39。

〔註121〕《要錄》卷 124，紹興八年十二月戊寅條，頁 2024。

〔註122〕《長編》卷 221，神宗熙寧四年三月戊子條，頁 5370。

〔註123〕（宋）陳淵，《默堂先生文集》（臺北：臺灣商務印書館，民國 65 年），卷 16，〈答廖用中正言〉，10a，收入《四部叢刊》，冊 33，頁 16474。

〔註124〕（明）楊士奇編，《歷代名臣奏議》（臺北：臺灣商務印書館，民國 72 年初版），卷 117，21a～21b，收入《文淵閣四庫全書》，冊 436，頁 312。

〔註125〕《宋史》卷 424，列傳 183，〈洪天錫傳〉，頁 12656。

〔註126〕《宋史》卷 405，列傳 164，〈劉黻傳〉，頁 12248。

在在說明南渡後至亡國前，宋朝士大夫都沒有放棄和君主共天下的理想。

然而從宋高宗刻意提高君權，至孝宗乾道年間，皇帝獨攬權綱，「事皆上決，執政惟奉旨而行，羣下多恐懼顧望。」〔註127〕使得徐誼不得不上奏勸諫：「若是則人主日聖，人臣日愚，陛下誰與共功名乎？」〔註128〕朱熹對此狀況有很深的憂慮。他在和門人討論「君臨臣喪」的問題時說：

> 這也只自渡江後，君臣之勢方一向懸絕，無相親之意，故如此。古之君臣所以事事做得成，緣是親愛一體。因說虜人初起時，其酋長與部落都無分別，同坐同飲，相爲戲舞，所以做得事。〔註129〕

朱熹把女眞人初興並迅速壯大原因，歸結爲君臣一體。爲約束君權，他和永嘉學派的陳亮（1143～1194）起而辯論，最後各走極端。陳亮得出的結果是「人力可以獨運」，但「其弊上無兢畏之君」；朱熹則是「天命可以苟得」，然「其弊下有覬覦之臣」。陳傅良亦坦言：「竊所未安也」。〔註130〕

二、宗室官員的具體表現

據賈志揚先生的研究，宗室經常擔任提舉市舶司的職位，由於市舶司的收入直接送入中央，珍寶類更是納入皇帝內庫「奉宸庫」和「左藏庫」，市舶司官員往往由名臣或近習擔任，故宗室官員提舉市舶司，象徵皇權對海外貿易的關注。

根據統計，87名南宋提舉市舶司中有9～10人是宗室，〔註131〕占總人數的10～11%，其中包括嘉定六年（1213）因貪汙遭彈劾、罷免的趙不惡，貧而廉的趙彥侯，趙汝愚的第五子趙崇度（1175～1230），以及影響海外貿易最深遠，並曾親自訪問外國商人，留下《諸蕃志》的趙汝适（1170～1231）。

南宋是北宋的延續，相同處之一，即是隨時都在備戰狀態，龐大的軍隊造成財政沉重負擔。另一方面，爲了支應軍隊和文官、皇室開銷，課稅是必須的，農村土地兼併和繁瑣的服役早已讓農民苦不堪言，因此課徵的重點轉嫁到商稅上，其中市舶司收入頗爲重視。

〔註127〕《宋史》卷397，列傳156，〈徐誼傳〉，頁12083。
〔註128〕《宋史》卷397，列傳156，〈徐誼傳〉，頁12083。
〔註129〕《朱子語類》卷89，〈禮六·冠昏喪〉，冊6，頁2284。
〔註130〕（宋）陳傅良，《止齋集》卷36，〈答陳同父三〉，3a，冊129，頁309。
〔註131〕李玉昆，《泉州海外交通史略》（廈門：廈門大學出版社，1995年1版），頁87。

　　出任外官的宗室，踏入官場大鎔爐，難保沾染流俗惡習，宗室官員必須在磨勘和救民水火間衡量，晚宋基層吏治敗壞更是對他們的雙重考驗。

　　高宗因靖康之難即位，又逢苗劉之變失去唯一子嗣，朝廷議論太宗後代不再適合擔此大任，迫於輿論，高宗從宗室中選擇太祖後裔出身的孝宗作為繼承人，也正因宗室官僚化、士大夫化得到有效實行，從地方到中央普遍存在。

　　何兆泉氏曾統計任臨安知府的宗室士大夫人數，從紹興十七年（1147）趙不棄至德祐元年（1275）趙孟傳止，共 19 人 27 次先後擔任該職，總任職年數為 35 年，約佔南宋 150 年的三分之一，〔註 132〕這這或許源自於「宗子維城」思想的變遷。可以確定的是，宗室士大夫已經習於仕途。

　　習於仕途，意味著宗室得面臨磨勘考驗，宦海生涯也令他們常因所在職位不同而引發對立，淳熙九年（1182）朱熹六上彈章攻擊知台州唐仲友案恰好反映此狀態。朱熹與唐仲友間的爭執至今仍為無頭公案，左丞相王淮認為是「秀才爭閒氣耳」，如深入探討，《齊東野語》又流於小說家之言，〔註 133〕不可盡信。

　　因此筆者只從《朱文公文集》六上〈按唐仲友狀〉中出現的宗室官員行止和立場加以分類。

（一）朱熹與唐仲友爭執事件中的宗室官員

1. 趙公植（生卒年不詳）

　　趙公植，孝宗乾道二年舉進士（1166 年）。淳熙八年（1181）任天台知縣，因該縣欠稅引起唐仲友不滿，「差人下縣，追請赴州」，〔註 134〕縣民得到消息，「相與嚎泣，遮攔公植回縣。」〔註 135〕但唐仲友仍等到該縣把稅收齊繳上才把趙公植放回。此後唐仲友專找縣尉、主簿、州吏督催稅。

2. 趙善德（生卒年不詳）

　　朱熹在〈按唐仲友第三狀〉中直指其受納秋苗糙米，「公然倍取合耗，高帶斛面」，〔註 136〕偽造收支文書，〔註 137〕挪用公款十餘萬貫，〔註 138〕與胥吏

〔註 132〕《兩宋宗室研究——以度考察為中心》，頁 236～238。

〔註 133〕《齊東野語》卷 17，〈朱唐交奏始末〉，頁 323；又見同書〈台妓嚴蕊〉，頁 374～376。

〔註 134〕（宋）朱熹，《朱文公文集》（臺北：臺灣商務印書館，民國 64 年 3 版），卷 18，〈按唐仲友第二狀〉，收入《四部叢刊》，冊 58，頁 271。

〔註 135〕《晦庵先生文集》卷 18，〈按唐仲友第二狀〉，頁 271。

〔註 136〕《晦庵先生文集》卷 18，〈按唐仲友第三狀〉，頁 274。

〔註 137〕《晦庵先生文集》卷 18，〈按唐仲友第三狀〉，頁 275。

同謀虛報帳目及收受賄賂。〔註139〕

值得一提的是，趙善德在台州任內和當地名士合校勘《顏氏家訓》，〔註140〕足見宗室在地化後與當地仕紳互動緊密。

3. 趙善伋（生卒年不詳）

朱熹和唐仲友爭執事件中，扮演提供資料和發送公文的角色，根據《嘉定赤城志》記載，他是在淳熙九年（1182）五月起擔任台州通判一職。〔註141〕如果按照宋朝公文「副署始圓」規則，唐仲友所作的每一件決策都得經過他同意才能施行，從案件中，他爽快地提供各種資料和行文來協助朱熹，顯然對唐仲友的行徑頗為不滿。〔註142〕

（二）與地方互動

和地方互動的部分，宗室在地化，必然成為地方社交圈的一份子，參與地方公益事業，以符合鄉紳的義務，又恰好和道學標準吻合，這使得宗室、皇權、鄉紳、官員融為一體，形成密不可分的結構。

A. 參與地方慈善事業

1. 趙不浟（1144～1181）

趙不浟，字和卿，太宗後裔，商恭靖王趙元份五世孫。生於臨安睦親宅，屬南宋初為數不多的南班宗室。因其父親趙士䎖太原死節故，蔭官成忠郎監潭州南嶽廟，母親是靖康初守太原的侍衛親軍馬軍副都指揮使、建武軍節度使王稟之女，雙親在其年幼時俱亡，身為長子的他，率領四名弟弟勤奮向學，直到他們成人、娶妻、出仕，才搬到常熟縣開元鄉買地築室定居，從事文藝活動，與地方仕紳應酬往來。他對當地的貢獻見於墓誌銘：

> 數以俸餘施貧乏，歲或不登，取貸子錢者卷悉焚之。里人有爭鬥者，或詣公求直、挾讎者，公出一言解之。由是環一鄉之人無不畏愛。〔註143〕

〔註138〕《晦庵先生文集》卷18，〈按唐仲友第三狀〉，頁275。

〔註139〕《晦庵先生文集》卷18，〈按唐仲友第三狀〉，頁275。

〔註140〕（北齊）顏之推，《顏氏家訓》（上海：上海古籍出版社，1997年1版），附錄，〈宋本沈跋〉，2a，收入《續修四庫全書》，冊1121，頁705。

〔註141〕（宋）陳耆卿，《嘉定赤城志》（北京：中華書局，1990年5月1版），卷10，收入《宋元方志叢刊》，冊7，頁7153。

〔註142〕另有說法是通判高文虎忌妒唐仲友政聲，故向朱熹進讒言，見《荊溪林下偶談》卷3，〈晦翁按唐與正〉，頁529。

〔註143〕（宋）楊興宗，〈有宋宗室平江府都監墓誌銘〉（臺北：新文豐出版公司，民

趙不汸用俸祿賑濟鄉里、貸款不收利息，還能調解紛爭，由此獲得鄉人敬畏。

2. 趙汝愚

淳熙七年（1180年），江南西路轉運司副使芮燁、錢實以及判官趙汝愚三人捐資三百七十萬貫，在隆興府（今江西南昌市）的延慶、崇和門外興建江西運司養濟院，以「病而無歸者」為收容對象。先是乾道九年（1173），憐憫因病留滯豫章客旅的轉運副使芮燁，離任之日留下私款百萬委託繼任者，用放貸和貿易的盈餘作為生病客旅的醫藥費，淳熙五年（1178）趙汝愚以私款一百四十萬購買田地充當病患伙食。淳熙七年（1180）錢實上任後，轉運判官趙汝愚和已升任吏部侍郎的芮燁三人增資，創立養濟院，「蓋自是以來，病而無歸者，多賴以全活，不幸死者，亦瞑目而無所憾焉」。〔註144〕

3. 趙若珪（1187～1127）

嘉定十六年至十七年（1223～1224）發生饑荒，「暑不勝寒，穀入大減，茶亦不熟，越明年春，啼饑者載道」，〔註145〕金壇人劉宰以一己之力賑饑，三個月內救活萬人，卻因力量不足，難以為繼，打算終止。此時他的朋友趙若珪得到消息，登門相助，「乃自振廩，且為書，圜封之。又為書，博封之。以請於鄉之好事者。未幾，錢穀沓至」，〔註146〕才免於斷炊。

趙若珪，字玉父，以父親趙時侃恩蔭出仕，非進士，曾任隆興府司戶參軍、主管浙西安撫司書寫機宜文字、監慶元府三石橋酒庫、壽昌縣令等小官，他在知安吉縣任內，「糴貴，君常下其估，以惠比鄰……士失其養，君捐良田十五畝以助士」，〔註147〕實務經驗豐富，甚至更勝劉宰一籌。

B. 與地方仕紳聯姻

「榜下捉婿」是宋朝官宦嫁女的一大特色，科舉新貴進入仕途，為維持家族不墜，各家長、族長無不絞盡腦汁，從延請名師培養子弟，到把女兒嫁給有前途的年輕人，可謂招式齊出。南宋宗室藉由科舉得以出任外官，靖康之難後散居各地，無可避免形成在地化的趨勢，同樣得擠身藉著姻親建立人際網絡、維持士族的大市場，此時他們依靠的優勢，乃是天潢貴冑才有的婚

　　　　圖66年初版），16a～17a，收入《石刻史料新編・江蘇金石志》，冊13，頁9756～9757。
〔註144〕《朱文公文集》卷79，〈江西運司養濟院記〉，頁1444。
〔註145〕《漫塘集》卷22，〈甲申粥局記〉，9a。
〔註146〕《漫塘集》卷22，〈甲申粥局記〉，9b。
〔註147〕《漫塘集》卷31，〈故知安吉縣趙奉議墓誌銘〉，4b。

姻特權：一爲授官，二爲錢財。據《宋會要》云：

> 宗室袒免婿與三班奉職，已有官者轉官循資。堂除免選及聽就文資
> 並鎖廳進士者，悉如治平二年十月五日詔。先是大宗正司奏：「緦麻
> 婿有官者，京朝官與轉一官，職官與循資，袒免婿止云與奉職，乃
> 無有官轉官循資指揮。」王安石議：可並依緦麻親法行之。曾公亮
> 曰：「轉官宜有降殺。」王安石曰：「與循資不可殺，則轉官亦不可。
> 且白身得一官，有官者轉一官不爲過，此所以勸有官者肯與宗室爲
> 婚，亦省入官之一道也。」〔註148〕

除規範授予與宗室聯姻者的官位、遷轉，還藉此勸士大夫和宗室爲婚。錢財
的部分，熙寧以後的規定是緦麻親（第四代）宗女嫁妝 500 貫、袒免親（第
五代）350 貫、第六代 300 貫、第七代 250 貫、第八代 150 貫，〔註149〕然而
婚姻對象有嚴格規定，禁止和胥吏、進納買官、雜類、惡逆之家子孫通婚，
無服宗室則依庶姓法通婚。〔註150〕

以下就考古所得和《陸秀夫年譜》考證所得資料敘述之。

1. 南宋福建黃昇墓

師承黃榦的知南外宗正司趙師恕，他的孫子趙與駿（1222～1249）娶紹
定二年（1229）狀元黃朴（1192～1245）次女黃昇爲妻。黃朴曾任知泉州兼提
舉市舶司，〔註151〕雙方應是在泉州任內認識，而根據福州南宋黃昇墓考古發
掘出 436 件器物以絲織品居多。〔註152〕據考證，黃昇的祖父親黃振龍，字仲
玉，爲朱熹門人，從黃榦遊，以鄉貢卒。〔註153〕趙與駿在《宋史》和地方志
內都無傳記，他的官階「將仕郎」又爲文散階官之末，這意味著他並非進士
出身而是補蔭。〔註154〕前述提及宗室官員求學過程形成人際網絡，並藉由聯

〔註148〕《宋會要》，〈帝系〉4 之 23～24，冊 1，頁 104～105。

〔註149〕《文獻通考》卷 259，〈帝系考十〉，頁 2057。

〔註150〕《長編》卷 409，哲宗元祐三年三月甲子條，頁 9955。

〔註151〕黃朴提舉市舶司在端平年間，見《道光晉江縣志》卷 28，61a，頁 348；任知
州的時間則記爲二年（1235），見《乾隆泉州府志》（上海：上海書店，2000
年 1 版），卷 26，12b，〈文職官上〉，收入《中國地方志集成》，冊 22，頁 609。
趙師恕亦是在端平年間擔任知南外宗正司，見《道光晉江縣志》卷 28，〈職
官志・文秩〉，49b，頁 342。

〔註152〕張聖福編，《福州南宋黃昇墓》（北京：文物出版社，1982 年 3 月 1 版），頁 9。

〔註153〕《福州南宋黃昇墓》，頁 83。

〔註154〕《福州南宋黃昇墓》，頁 84。

姻與地方菁英結合，此爲最佳例證。

2. 浙江寧波史嵩之夫婦合葬墓

根據 2012 年三月考古發掘成果，宋理宗右丞相史嵩之夫婦合葬墓出土，墓誌銘顯示與史嵩之合葬的第二任妻子，是名從小養育在宮中的宗室女，死後受封爲魏國夫人。可惜的是趙氏墓葬曾經多次盜擾，除少量古錢幣和一枚金釵外，墓室內已別無他物。〔註155〕

史嵩之的第一任妻子的墓同樣在當地被發現，死亡年紀七十歲，顯然比史嵩之年長，而第二任妻子即養在宮中的宗室女嫁予史嵩之的時間點，筆者推論，顯然是在他失勢後，作爲皇家的恩寵賜婚。

3. 負帝投海的陸秀夫（1236～1279）

陸秀夫，字君實，生於楚州鹽城（今江蘇省鹽城），其事蹟，《宋史·陸秀夫傳》已有詳細記載，他的忠義和骨氣至今仍傳爲佳話。由於他死於海中，從其屍體漂流上岸、秘密入土、熊雲燦所立衣冠塚到清代遭人毀墓，眾說紛紜，〔註156〕對陸秀夫的家族、婚姻狀況無多大助益，不過〈寶祐登科錄〉仍爲我們提供一絲線索，〔註157〕而蔣逸雪《宋陸君實先生秀夫年譜》根據沈儼《陸丞相世系考》得知陸秀夫的母親和夫人皆爲宗室，〔註158〕〈陸秀夫年譜〉則記其「別號江東，蓋世家原始江東派也」。〔註159〕

（三）捐財獻國

A. 捐助抗金、抗元事業

1. 金海陵帝南侵

紹興三十一年（1161）金朝第四代皇帝完顏亮撕毀紹興和議，大舉南侵，

〔註155〕中國新聞網，〈浙江寧坡發現南宋丞相史嵩之墓，在宋朝顯赫一時〉，2012 年 3 月 23 日，http://www.chinanews.com/cul/2012/03-23/3769292.shtml。

〔註156〕其事蹟見《宋史》卷 451，列傳 210，〈陸秀夫傳〉，頁 12375～12376。他的部將熊雲燦爲他在廣東開平立衣冠塚，見張啓煌、余榮謀纂《開平縣志》（臺北：成文出版社，民國 55 年 10 月 1 版），卷 44，〈冢墓·宋丞相陸秀夫墓〉，5b，收入《中國方志叢書》，冊 6，頁 365。遺體葬地於潮州南邊海島上，見（明）郭春震《潮州府志》（金壇：中國書店，1992 年 1 版），卷 4，〈祠祀志〉，6b～7a，收入《稀見中國地方志彙刊》，冊 44，頁 776～777。

〔註157〕《南宋登科錄兩種》，〈寶祐登科錄〉，頁 123。

〔註158〕蔣逸雪，《宋陸君實先生秀夫年譜》（臺北：臺灣商務印書館，民國 69 年 5 月初版），〈陸秀夫年譜〉，頁 6～7。

〔註159〕《宋陸君實先生秀夫年譜》，〈陸秀夫年譜〉，頁 1。

此時宋高宗雖決議行徹底防衛戰略，但對兵財兩事仍無把握。

時任敷文閣待制、知臨安府，曾以三衙兵修築都城而不擾民的趙子潚捐出私財十五萬緡作為助軍費，以解燃眉之急，高宗為嘉獎他的義舉，特升一秩表揚。〔註160〕

2. 隆興北伐

隆興元年（1163），有鑒於采石之役獲勝，金海陵帝完顏亮遇弒、金世宗完顏雍初即位，金朝內部不穩，兼以遣使索取海，泗（治所在今江蘇盱眙北洪澤湖中）、唐（今河南唐河）、鄧（今河南鄧縣）、商（今陝西商縣）諸州及歲幣，重提紹興和議的恥辱，朝中主戰派得勢的情況下，決議繼續對金作戰，史稱「隆興北伐」，直到兵潰符離，才在乾道元年（1165）重新和金朝達成和議。

在戰爭進行過程中，前崇慶軍節度使、知西外宗正事趙士衎向孝宗提出一項建議：「所有宗室捐出半數俸祿和賞賜來贊助北伐事業。」雖然他曾因強買海舟案遭右諫議何溥彈劾而罷官，卻因此提議。與他一同上書的還有安慶軍節度使、同知大宗正事趙士籛，〔註161〕此舉受到孝宗獎諭。〔註162〕

3. 資助抗元

趙必璆的事蹟已在第四章提過，他是太宗後裔，漢王元佐的子孫，濮安懿王四世孫，他的生平只有從其文集《秋曉先生覆瓿集》略知一二，而且還不是完整的闡述，僅限於抗元的片段，但是這已經足以證明他的價值。

他是東莞（今屬廣東）人，咸淳元年（1265）與父親崇訕同科進士，歷任高要縣（今屬廣東）簿尉兼四會縣（今屬廣東）令、南康縣（今屬江西）丞，後辭官回鄉奉養老父。元兵至粵之時，他曾鼓勵當地軍閥熊飛起兵抗元，並捐家資三千緡、米五百石以助軍需，並說服熊飛用徭役的方式取代徵收現錢，並親自監督。〔註163〕

B. 捐田助公

景定三年（1262），賈似道欲行公田法，遇到極大阻力，迫不得已自行捐

〔註160〕《宋史》卷247，列傳6，〈趙子潚傳〉，頁8747。

〔註161〕孝宗本紀只提到趙士籛，把所有功勞都歸到他身上，見《宋史》卷33，本紀33，〈孝宗一〉，頁621：「安慶軍節度使士籛乞減奉賜之半，以助軍用。自是，諸宗室有請，悉從之。」

〔註162〕《宋史》卷245，列傳4，〈趙士衎傳〉，頁8715：「隆興中，以邊事未寧，與士籛奏減奉給恩賞之半以助軍興。詔加獎諭。」

〔註163〕（宋）趙必璆，《秋曉先生覆瓿集》卷6，〈趙必璆行狀〉，5a～5b。

出浙西萬畝爲公田，還逼著宋理宗的弟弟趙與芮捐獻，因此和他結下樑子。
除他二人，一是爲堵百官之口率先榜樣，一是不甘不願遭前者強迫，趙孟奎
（1238～？）倒是心甘情願「自陳投賣」。〔註164〕

趙孟奎，字宿道，號春谷，吉州安福（今江西安福）人，和文天祥同年
進士（1256），以書畫家聞名，賣田時正在浙西任職。與趙師𫍯不同的是，此
舉並未讓他購得通往中樞的門票。咸淳年間以奉直郎權發遣衢州軍州事，以
興建明正書院、杜絕淫祀傳名於後。〔註165〕

（四）皇權與軍權

A. 與皇權關係緊密

法國漢學家謝和耐（Jacques Gernet）在其著作《南宋社會生活史》內提
到：「皇室人員之野心與私人利益，以及皇帝的嫡系兄弟間的野心與私人利益
等，有時候與中央政府之利益相左，有時候又與某一個官員朋黨之政策相符
合。」〔註166〕

南宋初年，刻意提高皇權的宋高宗便意識到宗室的重要性，他在趙子瀟
赴任江西前召見他，「可密奏來，同姓體國，宜悉朕懷」，〔註167〕允許他用密
奏的方式上奏任地情事。

趙彥端（1121～1175），紹興八年（1138）進士，孝宗對他仰慕許久，隆
興改元，他受到推薦面見新君，皇帝親自起身相迎，彥端在朝堂上當眾表明
自己的政治見解。書云：

> 臣宗室也，與國家尤共休戚，言敢不盡？前日議者惡人異己，故近
> 臣有不得盡其謀，遠臣有不敢進其說。如無近者一戰之悔，則將贊
> 陛下以群言爲可廢矣。願深爲他日戒。〔註168〕

此處特意強調同姓之卿，與國家尤共休戚，故不敢不直言。趙汝愚長孫趙必
愿在歷任地方官後，於理宗端平元年（1234）以太府寺丞、升遷度支郎中入

〔註164〕《錢塘遺事》卷5，1b，頁305。

〔註165〕《癸辛雜識》後集，〈趙春谷斬蛇〉，頁110。

〔註166〕謝和耐（Jacques Gernet）著，馬德程譯，《南宋社會生活史》（臺北：中國文
　　　　化大學出版社，民國71年3月出版），頁51。

〔註167〕（宋）胡銓，《胡淡庵先生文集》（臺北：漢華出版社，民國59年7月初版），
　　　　卷24，〈龍圖閣學士贈少傅趙公墓誌銘〉，12b，冊3，頁1242。

〔註168〕（宋）韓元吉，《南澗甲乙稿》（臺北：新文豐出版公司，民國74年初版），
　　　　卷21，〈直寶文閣趙公墓誌銘〉，頁571。

朝，立即發表自己的政見。據載：

> 陛下英明密運，斷出於獨，固欲一切轉移之。然而大權若在我，或
> 者猶有下移之疑；眾正若已開，或者猶有旁徑之疑。策免二相，銷
> 天變也，去者固難以復留，留者恐終於引去。虛鼎席以待故老，疑
> 者或意其未必來，而況在數千里之外；責次補以任大政，疑者或意
> 其不敢專，而況於不安其位。中書，政之本也，今果何時，尚可含
> 糊意向以啟天下之疑乎？親擢臺諫，開言路也，用之未久者，何為
> 輕於易去？去之未幾，何為使之復來？召於外服者，不知果能用之
> 而必堅；除目周行者，不知果能聽之而無諱乎？
>
> 朝廷除授，軍國賞罰，本至公也，今有姓名未達於廟堂，而遷擢忽
> 由於中出，斥逐三衙，竟不指名罪狀，而人始得以疑陛下矣。一除
> 目之頒，一號令之出，雖未必由於閹宦，而人或疑於閹宦；雖未必
> 由於私謁，而人或疑於私謁；雖未必由於戚畹宗邸，而人或疑於戚
> 畹宗邸。夫天下者，祖宗之天下也，非陛下所私有也，陛下雖有去
> 敝之心，而動涉可疑之迹，陛下亦何樂於此。〔註169〕

直言理宗信用近習、南班宗室、過於獨斷、任免無準則、對士大夫缺乏尊重
等缺失，並在末句提到天下為祖宗的天下。

從南宋初至晚宋，這三人口徑如出一轍，說明南宋宗室官員充分意識到
自己和皇權間的緊密關係。

B. 軍權的節授

北宋從太宗至熙豐變法前，採取「文學與拘禁」的手段來安置宗室，仁
宗寶元元年（1038）西夏元昊擁二十二州之地稱帝叛亂，威脅宋朝西北邊境。
七名青年宗室躊躇滿志，上書仁宗，希望從軍報國、效命疆場。皇帝褒獎他
們的遠征計畫和進取心，卻拒絕他們的請求。〔註170〕

熙豐變法允許宗室出任外官，靖康之難時，許多擔任文臣武職的宗室用
他們的性命阻遏金人和流寇對宋王朝的打擊。張端義說：「本朝故事，宗室不
領兵，蓋因真皇澶淵之幸。」〔註171〕張氏的活動時間約在寧宗、理宗在位期
間。其言或有感慨，因為此時已有大量宗室領兵，甚至擔任一路帥臣。

〔註169〕《宋史》卷413，列傳172，〈趙必愿傳〉，頁 12408～12409。
〔註170〕《宋代宗室史》，頁1。
〔註171〕《貴耳集》卷上，頁 8 上。

　　以下根據吳廷燮《南宋制撫年表》資料製成「南宋宗室擔任制撫表」來說明宗室爲帥臣的情況。

表 5-2：南宋宗室擔任制撫表

姓　名	任　所	任　期	
趙不棄	兩浙西路 知臨安府或鎮江府	紹興十七至十八年，（1147～1148）。	凡 1 年。
趙士彩		紹興二十一年至二十三年，（1151～1153）。	凡 2 年。
趙子潚		1. 紹興二十九年至紹興三十年，（1159～1160）。 2. 紹興三十二年至隆興元年，（1162～1163）。	1.凡 1 年。 2.凡 1 年。
趙彥操		淳熙二年（1175）。	未滿 1 年。
趙不鎏		淳熙十五年（1188）。	未滿 1 年。
趙師𥪡		1. 慶元三年至四年，（1197～1198）。 2. 嘉泰四年至開禧元年，（1204～1205）。 3. 開禧二年（1206）。 4. 嘉定二年至嘉定三年，（1209～1210）。	1.凡 1 年。 2.凡 1 年。 3.未滿 1 年。 4.凡 1 年。
趙善堅		1. 慶元六年至嘉泰元年，（1200～1201）。 2. 開禧三年（1207）。	1.凡 1 年。 2.未滿 1 年。
趙善防		開禧元年至二年，（1205～1206）。	凡 1 年。
趙善宣		嘉定元年（1208）。	未滿 1 年。
趙師石		嘉定元年至嘉定二年，（1208～1209）。	凡 1 年。
趙時侃		嘉定六年嘉定至八年，（1213～1215）。	凡 2 年。
趙立夫		紹定元年至紹定三年，（1228～1230）。	凡 2 年。
趙與懽		1. 端平三年至嘉熙元年，（1236～1237）。 2. 嘉熙二年（1138）。 3. 嘉熙二年至淳祐元年，（1238～1241）。	1. 凡 1 年。 2. 未滿 1 年。 3. 凡 3 年。
趙與懃		嘉熙二年（1238）。	未滿 1 年。
趙與篱		淳祐元年至淳祐十二年，（1240～1252）。	凡 12 年。
趙與嵓		景定五年至咸淳元年，（1264～1265）。	凡 1 年。
趙與植		咸淳七年至八年，（1271～1272）。	凡 1 年。
趙孟傳		德祐元年（1275）。	未滿年。
趙不棄	兩浙東路 知越州紹興府	紹興十七年至十九年，（1147～1149），卒於任上。	凡 2 年。
趙士彩		紹興二十三年至二十五年，（1153～1155）。	凡 2 年。

趙令誋		1. 紹興二十七年至二十八年，（1157～1158）。 2. 隆興元年，（1163）。 3. 乾道元年，（1165）。	1. 凡1年。 2. 未滿1年。 3. 未滿1年。
趙不鎣		紹熙三年至五年（1192～1194）。	凡2年。
趙不迹		慶元六年（1200）。	未滿1年。
趙師睪		開禧元年（1205）。	未滿1年。
趙彥倓		嘉定五年至八年，（1212～1215）。	凡3年。
趙善湘		嘉熙二年至三年，（1238～1239）。	凡1年。
趙性夫		淳祐六年至八年，（1246～1248）。	凡2年。
趙希樸		淳祐八年至九年，（1248～1249）。	未滿1年。
趙與芮		德祐元年（1275）	未滿1年。
趙彥逾	江南東路 知建康府	慶元三年至四年，（1197～1198）。	凡1年。
趙善湘		寶慶三年至紹定六年，（1227～1233）。	凡5年。
趙以夫		淳祐五年至七年，（1245～1247）。	凡2年。
趙與篤		寶祐六年至開慶元年，（1258～1259）。	凡1年。
趙彥勵	江南西路 知洪州隆興府	嘉泰四年（1204）。	凡1年。
趙與擇		嘉定二年（1209）。	未滿1年。
趙希懌		嘉定二年（1209）。	未滿1年。
趙崇憲		嘉定六年至七年，（1213～1214）。	凡1年。
趙子濛	淮南東路 知揚州	淳熙十二年至十四年，（1185～1187）。	凡2年。
趙不迹		紹熙五年（1194）。	未滿1年。
趙師睪		慶元六年至嘉泰三年，（1200～1203）。	凡3年。
趙師志		嘉定三年至六年，（1210～1213）。	凡3年。
趙與篤		開慶元年（1259）。	未滿1年
趙不羣	淮南西路 知盧州	紹興七年（1137）。	未滿1年
趙善俊		1. 乾道六年至九年，（1170～1173）。 2. 淳熙四年至六年，（1177～1179）。	1.凡3年。 2.凡2年。
趙伸夫		嘉定八年至十一年，（1215～1218）。	凡3年。
趙善湘		嘉定十二年至十四年，（1219～1221）。	凡2年。
趙不羣	荊湖北路 知荊南江陵府	紹興七年至八年，（1137～1138）。	凡1年。
趙善恭		開禧三年（1207）。	未滿1年。
趙善培		嘉定十年（1217）。	未滿1年。
趙善俊	京西南路 知襄陽府	淳熙二年（1175）。	未滿1年。
趙善鑠		開禧二年（1206）。	未滿1年。

趙善培		嘉定九年至十年，（1216～1217）。	凡1年。
趙善俊	荊湖南路	紹熙元年至二年，（1190～1191）。	凡1年。
趙不迹	知潭州	嘉泰二年（1202）。	未滿1年。
趙彥勵		嘉泰三年（1203）。	未滿1年。
趙善恭		開禧二年（1206）。	未滿1年。
趙師恕		嘉熙元年至二年，（1237～1238）。	凡1年。
趙子瀟	福建路	隆興二年至三年，（1164～1165）。	凡1年。
趙汝愚	知福州	1. 淳熙九年至十二年，（1182～1185）。 2. 紹熙元年（1190）。	1. 凡3年。 2. 未滿1年。
趙必愿		淳祐五年至七年，（1245～1247）。	凡2年。
趙汝愚	四川制置使	淳熙十二年至十五年，（1185～1188）。	凡3年。
趙彥逾	成都路安撫使 知成都府	慶元元年至三年，（1195～1197）。	凡2年。
趙希時	利州東路	嘉定十二年（1219）。	未滿1年。
趙彥吶	知興元府	1. 寶慶元年至三年，（1225～1227）。 2. 紹定五年至端平三年，（1232～1236）。	1.凡2年。 2. 凡4年。
趙彥吶	利州西路 知興州	嘉定十四年至十七年，（1221～1224）。	凡3年。
趙彥操	廣南東路	紹熙四年至五年，（1193～1194）。	凡1年。
趙師楷	知廣州	嘉熙元年（1237），死於任所。	未滿1年。
趙汝暨		1. 淳祐十年至十一年，（1250～1251）。 2. 景定二年至四年，（1261～1263）。	1. 凡1年。 2. 凡2年。
趙崇憲	廣南西路	嘉定七年至九年，（1214～1216）。	凡2年。
趙崇模	知靜江府	寶慶二年至紹定三年，（1226～1230）。	凡4年。
趙師恕		端平二年至三年，（1235～1236）。	凡1年。
趙汝暨		寶祐元年至二年，（1253～1254）。	凡1年。
趙與𥞑		咸淳二年至三年，（1266～1267）。	凡1年。

　　《雜記》所記宣和至嘉泰宗室任侍從官的人數為十九人，〔註172〕理宗朝有趙與懽、〔註173〕趙必愿、〔註174〕趙汝騰、〔註175〕趙汝楳〔註176〕四人，和

〔註172〕《雜記》甲集，卷1，〈本朝宗室侍從〉，頁55。
〔註173〕《宋史》卷413，列傳172，〈趙與懽傳〉，頁12404。
〔註174〕《宋史》卷413，列傳172，〈趙必愿傳〉，頁12411。
〔註175〕《宋史》卷424，列傳183，〈趙汝騰傳〉，頁12653。
〔註176〕《全宋文》卷7782，〈趙汝楳〉，冊337，頁384～385。

一般士大夫官員相較，人數相對稀少，而根據上表，任地方制撫，任期最短者未滿一年，最長者爲淳祐元年至淳祐十二年（1240～1252）的知臨安府趙與篤，次長者爲寶慶三年至紹定六年（1227～1233）知建康府趙善湘，再次者爲紹定五年至端平三年（1232～1236）知興元府趙彥吶，他們任職的時期剛好和宋理宗在位重疊，由此可知宗室官員雖難以在朝廷立足，但在靠近中樞的制撫有久任的跡象。

此外，根據表 5-2 製作表 5-3，將宗室官員任地方制撫人次與一般官員做比較。

表 5-3：宗室官員和一般官員任地方制撫人次對照表

任　地	任各路制撫總人次	宗室官員	一般官員	宗室官員佔總數比例
兩浙西路	287 人次	25 人次	262 人次	9%
兩浙東路	243 人次	14 人次	229 人次	5%
江南東路	204 人次	4 人次	200 人次	2%
江南西路	194 人次	4 人次	190 人次	2%
淮南東路	202 人次	5 人次	197 人次	2%
淮南西路	158 人次	5 人次	153 人次	3%
荊湖北路	188 人次	3 人次	185 人次	2%
京西南路	164 人次	3 人次	161 人次	2%
荊湖南路	158 人次	5 人次	153 人次	3%
福建路	181 人次	4 人次	177 人次	2%
四川路	196 人次	2 人次	194 人次	1%
利州東路	146 人次	3 人次	143 人次	2%
利州西路	92 人次	1 人次	91 人次	1%
廣南東路	164 人次	4 人次	160 人次	2%
廣南西路	166 人次	5 人次	161 人次	3%

從上表可知即便知行在臨安府的宗室官員比例仍不超過百分之十，屬於邊區的四川路、利州西路更是只有百分之一，這似乎說明了，雖然宗室廣泛入仕，卻很難晉升到高位，也說明南宋將宗室官員的任地盡量安排在靠近行在之處。

小　結

　　包容政治需要大量的金錢和必要的武力來攏絡和威脅，而戰爭是極度耗費財力物力，所爭不外乎疆土財貨，然南宋軍隊機動性不夠，難以主動出擊，國策即以防衛為主，使得出身寒微的將士所冀望之戰利品，文官所望開疆拓土、恢復中原一無所得。宋高宗意識到這種情況，乃大力扶持宗室官員，善用「祖宗家法」限制宗室任官上限來和一般官員達成某種協議，歷經孝宗至理宗的推行，宗室官員的影響力根植基層，成為南宋這棵大樹的立國磐石。

結　論

　　劉子健先生用社會科學式的概念撰寫〈包容政治的特點〉,針對南宋的政
治風氣做出有系統的分析,並反過來用分析得來的結論去充實社會科學。

　　他提到包容政治的原則需要有具體的相對條件,有妥協的地方,必有堅
持之處,條件便是必須服從絕對君權,採取的手段是以最緩和、最不費事的
安排來鞏固政權,而要達成此目的則必須具備四個條件:第一是名實兼顧。
做到殺雞儆猴即可,不能做得太徹底,必須站在某種限度之內,利害一致的
立場,才穩定得住。如不接受包容,只要守著服從絕對君權的原則,政府也
不加以干涉。

　　第二是統治方法。西方政治學將此分為三類,以名、利、武力來統治。
以名的統治包括思想與制度;以利的統治就是收買的報酬;武力是威嚇、刑
禁和殺戮。包容政治便是融合這三種統治方法,不到萬不得已絕不動武,最
好是大事化小,小事化無。

　　第三是充裕的財力。官銜、軍職、宮觀祠祿,歸根究柢都是要費用的。
南宋農業技術和產量不斷增進,各種製造業,尤其是陶瓷製品更是聞名海外,
遠洋貿易因此興盛,不但出現大都會,許多小城市和城鎮跟著繁華,南宋政
府採取的重稅政策多半側重商稅和城市中的雜稅。

　　最後是思想上的信念。各種妥協,彼此容忍,必須有很深的認識,了解
利害一致,達到同舟共濟,因此特別注重忠君的信念。

　　但是包容政治也會有缺點,第一是缺乏新希望,墨守成規;第二是退步,
新舊陋規加在一起,導致水準逐漸降低;第三是上下欺矇,得過且過。

　　劉子健先生〈包容政治的特點〉屬於整體式的分析,而非深入性的探討。

在包容政治的實行過程中保持堅定忠君信念者莫過於出身宗室的官員，事實上包容政治已在北宋施行於宗室，南宋不過將此種方法拓展至一般官員身上。

第一點，名實兼顧，北宋宗室無發言權，但有奉朝請之務，且集體住在大宅內，摩擦時有所聞，卻極少把事情鬧大。

第二點，北宋對宗室採取「安全」之策，利用名、利、武力統治：一是，詳盡的宗室制度；二是，宗室出生即賜名授官，即便服紀疏遠仍可獲賜田產餬口；三是，以趙世居案為例，和南宋初期對部分宗室的嚴厲處分，最後是晚宋「雪川之變」。

第三點，宋朝的財富在十一至十三世紀，占據世界總財富的半數。

第四點，所有宗室都是祖宗子孫，皇帝是大家長，宗室觸法由皇帝親自裁決，若非謀逆、大逆之罪，通常都從輕量刑。

宋太宗因「燭影斧聲」故，為使「兄終弟及」繼位合理化，不得不承認五服之外的宗室皇位繼承權，即位之初尚承襲太祖的對宗室政策，直到有力的皇位競爭者們去世，才改變策略，將宗室「圈養」起來，直到神宗迫於財政壓力，允許五服外宗室參與科舉入仕為官，我們可以說北宋的宗室是皇家的產物，豢養在金明池中的鯉魚，真正煥發出光彩要到南宋。擁有經濟、考試、教育和法律四方面優惠的宗室官員，與理學強調的忠君觀念相結合，他們更傾向永嘉學派的功利主義，這也使得他們缺乏一流的思想家與哲學家，在政治上也受到一般官員排擠而難以立朝獲得決策權，大部分的宗室仕途徘徊於州縣基層，卻也因此培養出「出將入相」的風範，成為南宋不可或缺的基石。

高宗為什麼會狼狽過江？如果沒有人替他斷後、重新招募潰逃的士兵、平定層出不窮的兵變，也許他連海上都無法成行，更別說選定繼承人。苗劉兵變後，高宗氣憤地向前來議事的大臣抱怨「士大夫但為身謀」，由此可見他對一般官員的信賴度大打折扣，而下定決心提高君權；相對的，儘管有威脅皇位的疑慮，高宗對宗室的任用明顯偏高。

靖康之難南逃的宗室聚落，分成居住在臨安的南班宗室、隸屬臨安大宗正司的紹興宗室、泉州的南外宗正司和福州的西外宗正司。隸屬臨安大宗正司的南班宗室不得參與政治，因此有的南班宗室寧願放棄環衛官地位，轉任普通文武官員；而位於泉州的南外宗正司成為南宋最大的宗室聚落，此事有好有壞。好處是針對宗室的服務業可以振興地方經濟，壞處是一但朝廷不再

支援，宗室的補助款會拖垮地方財政，而宗室中的不良分子橫行鄉里，也令地方官頭痛萬分。

宋朝對宗室的優待可分成三方面。一是經濟上的優惠，宗室的俸祿遠較一般官員來得豐厚，而且是從賜名便開始領取，這意味著宗室擁有優於一般士子的經濟條件，即便不出仕也能保有閒散的隱逸生活。第二是考試上的優惠，倘若放棄南班官轉投仕途，對宗室的考試也有優待，到了南宋此風氣更加普遍，越來越多宗室參與科舉，投身政治職場，其中，以官至宰相，位極人臣的趙汝愚最為代表，但終因政爭而下場悲慘；位至侍從官者凡二十二人，歷任州縣乃至帥臣者更比比皆是，他們在任內認真幹練，頗具責任感，且直爽敢言。第三是教育的優惠，住在睦親宅、諸王宮中的宗室，有專屬教授或宗學可供就讀，師資來源是擁有官職的醇儒。第四是法律的優惠，儘管三令五申規定宗室不得參與經商，但在豐厚獲利的誘惑下仍舊有許多宗室利用地位上的優勢從事商業行為，包括強買強賣等非法性的勾當層出不窮，朝廷對犯法的宗室懲處幾乎可以不計，而頗有意思的是這些經商的宗室偶爾還會將盈餘進貢給皇帝，以博取讚譽。

宗室的另一個功能與皇位繼承有關。孝宗和理宗都是由宗室入繼大統，他們成為皇帝即代表某種信號：宗室是皇儲候補。特別是南宋皇帝三次發生後繼無人的窘況。

南宋中晚期後理學成為思想主流，理宗更是把程朱理學定為官方哲學，可是卻都任用庸儒無能者權充門面，而非任用永嘉學派，故〈宋元學案序錄〉稱之為「陽崇之而陰催之」，整個朝廷暮氣沉沉，無奈宗室出身的官員如何忠君愛國、直諫敢言，面對只重形式與排場的朝廷，也難怪趙時賞看到從一個城市逃亡到另一個城市，攜帶大批輜重行李，載著盛裝姬妾女侍的流亡朝廷，只有感嘆：「軍行如春遊，其能濟乎？」

當然，入仕為官，沾染官僚的惡習在所難免，為了升遷，彼此間互相仇視、對上司逢迎拍馬在所難免，可是他們大多恪守底線，時常保有良好官聲，少數官至侍郎、尚書的宗室如趙與懽、趙必愿、趙汝騰還與皇帝保持某種程度的私人關係，但絕大多數政績都在地方，以穩健的手腕治理州縣，或者彈性授權邊將鎮壓叛亂、抵抗侵略。

嘉定和議是南宋由盛而衰的轉戾點。包容政治是必須用充裕的財力才能維持穩定，宗室在此方面具有先天優勢，物質的豐裕連帶心態較為健全，所

以在傾軋越趨激烈的政局中經常站在希望有所作爲的一方，指責當權者因循苟且，對時勢的批評準確、毒辣、直言不諱，往往開罪權相而貶謫地方，這也說明宗室比一般士大夫更具責任感。

賈志揚先生在《天潢貴胄——宋代宗室史》一書中用「成熟與潰爛」來描述宋末泉州宗室。這裡是南外宗正司所在地，南宋宗室最大的聚落，同時也是對外貿易的重要港口，紹定四年（1231）眞德秀在他的第二任知泉州期間上了長篇奏章討論南外宗正司支出問題，他指出宗室對州政府財政帶來極大的負擔，土地兼併與貿易衰退使得州政府不得不寅吃卯糧，他提出的解決方案是重新分攤宗室支費，增加轉運司和市舶司的份額，然而造成泉州經濟衰退的元兇是銅錢外流與大量發行紙幣，而宗正司官員參與海外貿易的直接證據得益於 1973 年的考古成果，出土於泉州城外的巨型遠洋貿易船，根據 1989 年傅宗文發表論文〈泉州古船〉論定該船屬於南外宗正司；87 名南宋市舶司長官中有 9 至 10 人爲宗室，其中佼佼者爲《諸蕃志》作者趙汝适（1170～1231），嘉定十七年至寶慶元年（1224～1225）先任提舉市舶使，後又兼任知泉州和知南外宗正事，是記錄十三世紀遠洋貿易的見證者，由此可知南宋宗室對海外貿易的重要性。然而，宋末的泉州卻將宗室視爲累贅並決定拋棄。可能的三個原因，第一是張世傑對蒲壽庚的態度激怒了他，第二是蒲壽庚受到蒙古將領唆使，第三是泉州地方菁英也將宗室視爲累贅。因此，蒲壽庚與田眞子聯合起來，屠殺了在泉州的三千名南宋宗室。

南宋滅亡後，以趙姓爲主體的王朝消失，他們不再是宗室，只剩天水郡趙氏，異族統治下，他們必須面臨重大的抉擇和考驗，趙姓宗室和士大夫的雙重性身份其中之一已消失，部分宗室在與蒙古的戰鬥中消散，一部分在戰爭中捐出自己的家產導致家道中落，但絕大部分隱姓埋名散居各地，仍保有可供自給自足的田產維持宗族生計，但以蒙古人的立場，一波波反元活動打的都是復興宋朝旗號，不得不對這些趙氏家族成員警惕，爲避免遭到趕盡殺絕，兼以士大夫的入世使命感，使得部分趙姓宗室進入元朝政府擔任官員，這也成爲蒙古人對「前朝宗室」難以用單一政策處置。

再談分化問題，南宋宗室士大夫大量入仕，是否爲造成異姓士大夫逐漸喪失「以天下爲己任」的抱負的主因？士風敗壞是有的，還不到喪失，愚以爲宋朝皇帝專制獨裁的作風影響更大，南宋的包容政治便是掩飾皇帝專制的手段，透過御筆，不按程序任用親信，或透過權相，獨斷朝政，令士大夫對

時局感到憤且慨，深感無力，轉而經營鄉里，這也符合儒家修養的步驟：修身、齊家、治國、平天下。宗室內部分化問題，頗爲複雜，貧富差距只是其中一環，還可以用從文從武、服紀親疏來分。光是「三祖」，便讓宗室分出枝脈，英宗以宗室入繼大統，更讓濮王一支更爲顯貴，南宋則以理宗弟福王爲是；太祖別稱「藝祖」，文武雙全，宗室授予環衛官，象徵以武力維護社稷，在對「祖宗之法」的崇拜之下，儘管歷經太宗、眞宗、仁宗三朝的儒學教育，宋夏戰事一起，七名宗室詣闕請求效用，奔赴沙場，而非獻策報國；熙豐變法後，有場屋登科者，亦有投筆從戎者，這顯示宗室在從文、從武間是可以選擇的，而且不以武職爲恥；兩宋之際，文武宗室官員大放異彩，待宋金戰事止歇，從武的這一群似乎銷聲匿跡，直到宋末又再度活躍，而宋朝旋亡。元朝史官不吝筆墨，稱讚宋朝宗室「往往亦由科第顯用，各能以術業自見」，則是偏重登科者了。

　　末了，藉此文，於宋代家族與政治研究領域，尤其是高高在上的皇室宗族與對於權力政治間的運作，詭譎關係，再添一較全面的觀察與探討。

徵引書目

一、史料

1. 《毛詩正義》，20 卷，收入《十三經注疏》，全 4 冊，北京：北京大學出版社，2000 年 12 月 1 版。

2. 《尚書正義》，20 卷，收入《十三經注疏》，全 2 冊，北京：北京大學出版社，2000 年 12 月 1 版。

3. 《禮記正義》，63 卷，收入《十三經注疏》，全 4 冊，北京：北京大學出版社，2000 年 12 月 1 版。

4. （漢）司馬遷，《史記》，130 卷，標校本，臺北：鼎文書局，民國 63 年 1 版。

5. （北齊）顏之推，《顏氏家訓》，7 卷，收入《續修四庫全書》，冊 1121，上海：上海古籍出版社，1997 年 1 版。

6. （唐）杜牧，《樊川文集》，20 卷，上海：上海古籍出版社，1978 年 9 月 1 版。

7. （後晉）劉昫，《舊唐書》，200 卷、附錄 2 卷，標校本，臺北：鼎文書局，民國 68 年 2 版。

8. （宋）王栐，《燕翼詒謀錄》，5 卷、附錄 1 卷，標校本，北京：中華書局，1981 年 9 月 1 版。

9. （宋）王溥，《五代會要》，30 卷，據聚珍本排印，收入《叢書集成初編》，冊 829～832，北京：中華書局，1985 年新 1 版

10. （宋）王溥，《唐會要》，100 卷，收入《叢書集成初編》，冊 813～822，北京：中華書局，1985 年新 1 版。

11. （宋）王明清，《揮麈三錄》，3 卷，收入《叢書集成初編》，冊 2772，北京：中華書局，1985 年新 1 版。

12. （宋）王稱，《東都事略》，130 卷，收入《叢書集成三編》，冊 96～97，臺北：新文豐出版公司，民國 85 年 1 版。

13. （宋）王邁，《臞軒集》，5 卷，收入《四庫全書珍本》初集，冊 326～327，臺北：臺灣商務印書館，民國 24 年 1 版。

14. （宋）方子樞，《宋刑統》，30 卷，臺北：文海出版社，民國 53 年初版。

15. （宋）司馬光，《涑水記聞》，16 卷，標校本，北京：中華書局，1989 年 1 版。

16. （宋）司馬光，《資治通鑑》，294 卷，標校本，北京：中華書局，2007 年 1 版。

17. （宋）史能之，《咸淳毗陵志》，30 卷，清嘉慶二十五年趙懷玉刻李兆洛校本，收入《宋元方志叢刊》，冊 3，北京：中華書局，1990 年 5 月 1 版。

18. （宋）江少虞，《宋朝事實類苑》，78 卷，上海：上海古籍出版社，1981 年 1 版。

19. （宋）朱熹，《朱文公文集》，100 卷、續集 11 卷、別集 10 卷、遺集 3 卷、外集 2 卷、附錄 2 卷，收入《四部叢刊初編》，冊 58～59，臺北：臺灣商務印書館，民國 64 年 3 版。

20. （宋）朱熹，《晦庵先生文集》，11 卷，收入《四部叢刊三編》，冊 58～59，臺北：臺灣商務印書館，民國 64 年 3 版。

21. （宋）吳子良，《荊溪林下偶談》，4 卷，收入《文淵閣四庫全書》，冊 1481，臺北：臺灣商務印書館，民國 72 年初版。

22. （宋）吳自牧，《夢梁錄》，20 卷，收入《文淵閣四庫全書》，冊 590，臺北：臺灣商務印書館，民國 72 年初版。

23. （宋）吳泳，《鶴林集》，40 卷，收入《四庫全書珍本》初集，冊 312～314，臺北：臺灣商務印書館，民國 24 年 1 版。

24. （宋）吳潛，《履齋遺集》，4 卷，收入《四庫全書珍本》二集，冊 306～307，臺北：臺灣商務印書館，民國 60 年 1 版。

25. （宋）佚名，中國社會科學院歷史研究所隋唐五代宋遼金元史研究室點校，《名公書判清明集》，14 卷、附錄 7，北京：中華書局，1987 年 1 月 1 版。

26. （宋）佚名，《新刊大宋宣和遺事》，4 卷，上海：中國古典文學出版社，1954 年 11 月 1 版，143 頁。

27. （宋）邵伯溫，《邵氏聞見錄》，20 卷，北京：中華書局，1983 年 8 月 1 版。

28. （宋）沈括，《夢溪筆談》，26 卷、補 3 卷、續 1 卷，北京：中華書局，2009 年 10 月 1 版。

29. （宋）杜範，《清獻集》，20 卷，收入《文淵閣四庫全書》，冊 1175，臺北：臺灣商務印書館，民國 75 年初版。

30. （宋）宋祁，《景文集》，62 卷，收入《叢書集成新編》，冊 60，臺北：新文豐出版公司，民國 74 年初版。

31. （宋）宋綬、宋敏求編，《宋大詔令集》，240 卷，臺北：鼎文書局，民國 61 年 9 月初版。

32. （宋）呂祖謙，《東萊集》，15 卷，收入《文淵閣四庫全書》，冊 1150，臺北：臺灣商務印書館，民國 72 年初版。

33. （宋）李攸，《宋朝事實》，20 卷，收入《叢書集成初編》，冊 833～835，北京：中華書局，1985 年新 1 版。

34. （宋）李壔，《皇宋十朝綱要》，25 卷，收入《續修四庫全書》，冊 347，上海：上海古籍出版社，2002 年 3 月 1 版。

35. （宋）李燾，《續資治通鑑長編》，600 卷，北京：中華書局，1995 年 4 月 1 版。

36. （宋）李元弼，《作邑自箴》，10 卷，收入《續修四庫全書》，上海：上海古籍出版社，2002 年 3 月 1 版。

37. （宋）李心傳，《建炎以來朝野雜記》，甲集 20 卷、乙集 20 卷、乙集佚文 1 卷、附錄 3 卷，北京：中華書局，2000 年 7 月 1 版。

38. （宋）李心傳，《建炎以來繫年要錄》，200 卷，標校本，北京：中華書局，1988 年 1 版。

39. （宋）岳珂，《桯史》，15 卷，北京：中華書局，1981 年 12 月 1 版。

40. （宋）周密，《武林舊事》，10 卷、附錄 1 卷，收入《叢書集成新編》，冊 96，臺北：新文豐出版公司，民國 74 年初版。

41. （宋）周密，《癸辛雜識》，前集、後集、續集上、續集下、別集上、別集下、附錄 1 卷，標校本，北京：中華書局，1988 年 1 月 1 版。

42. （宋）周密，《齊東野語》，20 卷，標校本，北京：中華書局，1983 年 11 月 1 版。

43. （宋）周淙，《乾道臨安志》，3 卷，收入《叢書集成新編》，冊 96，臺北：新文豐出版公司，民國 74 年初版。

44. （宋）周煇，《清波雜志校注》，12 卷、附錄 1 卷，標校本，北京：中華書局，1994 年 9 月 1 版。

45. （宋）周必大，《周益公文集》，200 卷、年譜 1 卷、附錄 5 卷，收入《宋集珍本叢刊》，冊 48～51，北京：線裝書局，2004 年 1 版。

46. （宋）周必大，《思陵錄》，2 卷，收入《叢書集成三編》，冊 19，臺北：新文豐出版公司，民國 85 年 1 版。

47. （宋）胡銓，《胡淡庵先生文集》，30 卷，臺北：漢華出版社，民國 59
    年 7 月初版。

48. （宋）洪邁，《夷堅志》，180 卷，收入《叢書集成初編》，冊 2707～2714，
    北京：中華書局，1985 年新 1 版。

49. （宋）俞文豹，《吹劍錄》，1 卷，收入《叢書集成初編》，冊 2878，北
    京：中華書局，1985 年新 1 版。

50. （宋）徐夢莘，《三朝北盟會編》，250 卷，收入《文淵閣四庫全書》，
    冊 350～352，臺北：臺灣商務印書館，民國 72 年初版。

51. （宋）眞德秀，《西山先生眞文忠公文集》，51 卷，收入《宋集珍本叢
    刊》，冊 75～76，北京：線裝書局，2004 年 1 版。

52. （宋）袁説友，《東塘集》，20 卷，收入《宋集珍本叢刊》，冊 64，北京：
    線裝書局，2004 年 1 版。

53. （宋）袁燮，《絜齋集》，24 卷，收入《叢書集成新編》，冊 64，臺北：
    新文豐出版公司，民國 74 年初版。

54. （宋）張方平，《樂全先生文集》，40 卷，收入《宋集珍本叢刊》，冊 5
    ～6，北京：線裝書局，2004 年 1 版。

55. （宋）張世南，《游宦紀聞》，10 卷，北京：中華書局，1981 年 1 月 1
    版。

56. （宋）張端義，《貴耳集》，3 卷，收入《叢書集成初編》，冊 2783，北
    京：中華書局，1985 年 1 版。

57. （宋）梁克家，《淳熙三山志》，42 卷，明崇禎十一年刻本，收入《宋
    元方志叢刊》，冊 8，北京：中華書局，1990 年 5 月 1 版。

58. （宋）陳亮，《陳亮集》，39 卷、附錄 1 卷，標校本，北京：中華書局，
    1987 年 1 版。

59. （宋）陳淵，《默堂先生文集》，22 卷，收入《四部叢刊三編》，冊 33，
    臺北：臺灣商務印書館，民國 65 年 1 版。

60. （宋）陳襄，《古靈先生文集》，25 卷、附 1 卷，收入《宋集珍本叢刊》，
    冊 8～9，北京：線裝書局，2004 年 1 版。

61. （宋）陳傅良，《止齋先生文集》，52 卷、附錄 1 卷，收入《叢書集成
    續編》，冊 129，臺北：新文豐出版公司，民國 78 年臺 1 版。

62. （宋）陳耆卿，《嘉定赤城志》，40 卷，清嘉慶二十三年《台州叢書》
    乙集本，收入《宋元方志叢刊》，冊 7，北京：中華書局，1990 年 5 月
    1 版。

63. （宋）陸游，《渭南文集》，50 卷，收入《宋集珍本叢刊》，冊 47，北京：
    線裝書局，2004 年 1 版。

64. （宋）陸九淵，《象山先生文集》，28 卷、外集 4 卷，收入《宋集珍本

叢刊》，冊 63～64，北京：線裝書局，2004 年 1 版。

65. （宋）彭龜年，《止堂集》，18 卷，收入《叢書集成新編》，冊 64，臺北：新文豐出版公司，民國 74 年初版。

66. （宋）程珌，《洺水集》，30 卷，收入《四庫全書珍本》三集，冊 243～244，臺北：臺灣商務印書館，民國 60 年 1 版。

67. （宋）黃震，《古今紀要逸編》，1 卷，收入《筆記小說大觀》，冊 23，臺北：新興書局，民國 67 年 1 版。

68. （宋）葉紹翁，《四朝聞見錄》，5 卷、附錄 1 卷，標校本，北京：中華書局 1989 年 2 月 1 版。

69. （宋）葉夢得，《石林燕語》，10 卷，標校本，北京：中華書局，1984 年 1 版。

70. （宋）葉適，《葉適集》，29 卷附補遺，別集 16 卷，臺北：河洛出版社，民國 63 年 1 版。

71. （宋）楊時，《龜山集》，42 卷，收入《四庫全書珍本》四集，冊 255～258，臺北：臺灣商務印書館，民國 62 年初版。

72. （宋）楊億，《楊文公談苑》，15 卷，收入《宋元筆記小說大觀》，冊 1，上海：上海古籍出版社，2001 年 12 月 1 版。

73. （宋）楊萬里，《誠齋集》，63 卷，收入《宋集珍本叢刊》，冊 53～55，北京：線裝書局，2004 年 1 版。

74. （宋）楊興宗，〈有宋宗室平江府都監墓誌銘〉，收入《石刻史料新編‧江蘇金石志》，冊 13，臺北：新文豐出版公司，民國 66 年初版。

75. （宋）熊克，《皇朝中興紀事本末》，76 卷，北京：北京圖書館出版社，2005 年 3 月 1 版。

76. （宋）蔡絛，《鐵圍山叢談》，6 卷，北京：中華書局，1983 年 9 月 1 版。

77. （宋）樓鑰，《攻媿集》，120 卷，收入《四部叢刊初編》，冊 61～62，臺北：臺灣商務印書館，民國 64 年 3 版。

78. （宋）趙必璩，《秋曉先生覆瓿集》，4 卷、附錄 1 卷、末 1 卷，收入《四庫全書珍本》八集，冊 158，臺北：臺灣商務印書館，民國 67 年初版。

79. （宋）趙汝适著，楊博文校譯，《諸蕃志校釋》，上、下卷、附錄 1 卷，標校本，北京：中華書局，1996 年 11 月 1 版。

80. （宋）趙汝愚，《宋朝諸臣奏議》，150 卷，上海：上海古籍出版社，1999 年 12 月 1 版。

81. （宋）趙汝騰，《庸齋集》，6 卷，收入《四庫全書珍本》初集，冊 328，臺北：臺灣商務印書館，民國 24 年 1 版。

82. （宋）趙彥衛，《雲麓漫鈔》，15 卷、附錄 5 卷，標校本，北京：中華

書局，1996 年 8 月 1 版。

83. （宋）趙孟堅，《彝齋文編》，4 卷，收入《四庫全書珍本》三集，冊 247，臺北：臺灣商務印書館，民國 60 年 1 版。

84. （宋）趙善括，《應齋雜著》，6 卷，收入《四庫全書珍本》別集，冊 350，臺北：臺灣商務印書館，民國 64 年 1 版。

85. （宋）撰人不詳，《朝野遺記》，1 卷，收入《叢書集成新編》，冊 85，臺北：新文豐出版公司，民國 74 年初版。

86. （宋）確庵、耐庵編，崔文印箋證，《靖康稗史箋證》，北京：中華書局，2010 年 8 月 2 版，296 頁。

87. （宋）劉克莊，《後村先生大全集》，196 卷，收入《宋集珍本叢刊》，冊 80～83，北京：線裝書局，2004 年 1 版。

88. （宋）劉宰，《漫塘集》，36 卷，收入《四庫全書珍本》九集，冊 246～253，臺北：臺灣商務印書館，民國 65 年 1 版。

89. （宋）劉敞，《公是集》，54 卷、拾遺 1 卷，收入《宋集珍本叢刊》，冊 9，北京：線裝書局，2004 年 1 版。

90. （宋）歐陽守道，《巽齋文集》，27 卷，收入《四庫全書珍本》二集，冊 312～313，臺北：臺灣商務印書館，民國 60 年初版。

91. （宋）歐陽修，《歐陽文忠公文集》，153 卷，收入《四部叢刊初編》，冊 49～50，臺北：臺灣商務印書館，民國 64 年 3 版。

92. （宋）潛說友，《咸淳臨安志》，100 卷，收入《文淵閣四庫全書》，冊 490，臺北：臺灣商務印書館，民國 72 年初版。

93. （宋）黎靖德編，《朱子語類》，140 卷，臺北：文津出版社，1986 年 12 月出版。

94. （宋）樵川樵叟，《慶元黨禁》，1 卷，據清乾隆道光間長塘鮑氏刻《知不足齋叢書》本影印，收入《宋代傳記資料叢刊》，冊 31，北京：北京圖書館出版社，2006 年 1 版。

95. （宋）韓元吉，《南澗甲乙稿》，22 卷，收入《叢書集成新編》，冊 63，臺北：新文豐出版公司，民國 74 年初版。

96. （宋）謝深甫等撰，《慶元條法事類》，80 卷，臺北：新文豐出版公司，民國 65 年 4 月初版。

97. （宋）魏了翁，《鶴山先生大全文集》，109 卷、附錄 1 卷，收入《四部叢刊初編》，冊 67，臺北：臺灣商務印書館，民國 64 年臺 3 版。

98. （宋）羅大經，《鶴林玉露》，18 卷，標校本，北京：中華書局，1983 年 1 版。

99. （元）李有，《古杭雜記詩集》，據清《武林掌故叢編》本影印，收入《中國風土志叢刊》，冊 48，揚州：廣陵書社，2003 年 1 版。

100. （元）袁桷，《延祐四明志》，20 卷，據清咸豐四年校本影印，收入《叢書集成三編》，冊 81，民國 85 年 1 版。

101. （元）馬端臨，《文獻通考》，348 卷，臺北：新興書局，民國 52 年 10 月新 1 版。

102. （元）脫脫等著，《宋史》，496 卷，北京：中華書局，1977 年初版。

103. （元）脫脫等著，《金史》，135 卷，北京：中華書局，1975 年初版。

104. （元）趙孟頫，《松雪齋文集》，10 卷，收入《四部叢刊初編》，臺北：臺灣商務印書館，民國 64 年臺 3 版。

105. （元）劉一清，《錢塘遺事》，10 卷，收入《叢書集成續編》，冊 276，臺北：新文豐出版公司，民國 78 年 1 版。

106. （元）佚名，《宋史全文續資治通鑑》，36 卷，收入《文淵閣四庫全書》，冊 330～331，臺北：臺灣商務印書館，民國 72 年初版。

107. （元）佚名，王瑞來箋證，《宋季三朝政要箋證》，6 卷，標校本，北京：中華書局，2010 年 1 版。

108. （明）王洙，《宋史質》，200 卷，臺北：大化書局，民國 66 年初版。

109. （明）田汝成，《西湖遊覽志餘》，26 卷、目次 1 卷，臺北：世界書局，民國 52 年初版。

110. （明）宋濂，《元史》，210 卷，標校本，北京：中華書局，1976 年初版。

111. （明）徐象梅，《兩浙名賢錄》，54 卷，收入《續修四庫全書》，冊 542～544，上海：上海古籍出版社，1997 年 1 版。

112. （明）郭春震，《嘉靖潮州府志》，28 卷，據明嘉靖二十六年刻本影印，收入《稀見中國地方志彙刊》，冊 44，江蘇省金壇縣：中國書店，1992 年 1 版。

113. （明）曹學佺，《蜀中廣記》，108 卷，收入《文淵閣四庫全書》，冊 591～592，臺北：臺灣商務印書館，民國 72 年初版。

114. （明）黃仲昭，《弘治八閩通志》，87 卷，據明弘治四年刻本縮印，收入《北京圖書館古籍珍本叢刊》，冊 33～34，北京：書目文獻出版社，1988 年 1 版。

115. （明）黃淮、楊士奇編，《歷代名臣奏議》，350 卷，據明永樂刊本影印，臺北：臺灣學生書局，民國 53 年 12 月初版。

116. （明）黃淮、楊士奇編，《歷代名臣奏議》，350 卷，收入《文淵閣四庫全書》，冊 433～442，臺北：臺灣商務印書館，民國 72 年初版。

117. （明）楊瑞雲、夏應星，《萬曆鹽城縣志》，10 卷，據明萬曆十一年刊本影印，收入《中國方志叢書》，冊 451，臺北：成文出版社，民國 72 年 3 月 1 版。

118. （明）顧炎武著，黃汝誠集釋，《日知錄集釋》，32 卷、刊誤 2 卷、續刊誤 2 卷，收入《續修四庫全書》，冊 1143～1144，上海：上海古籍出版社，1997 年初版。

119. （清）丁傳靖，《宋人軼事彙編》，20 卷，標校本，臺北：臺灣商務印書館，民國 71 年 1 版。

120. （清）王恩溥、李樹藩，《同治上饒縣志》，26 卷、首 1 卷，據清同治十一年刻本影印，收入《中國方志叢書》，冊 694，臺北：成文出版社，民國 78 年 1 版。

121. （清）朱升元，《乾隆晉江縣志》，16 卷、卷首 1 卷，據清乾隆三十年刊本影印，收入《中國方志叢書》，冊 82，臺北：成文出版社，民國 56 年 1 版。

122. （清）呂瑋，《康熙餘干縣志》，12 卷、補遺 1 卷，據清康熙二十三年刊本影印，收入《中國方志叢書》，冊 935，臺北：成文出版社，民國 78 年臺 1 版。

123. （清）徐松輯，《宋會要輯稿》，17 類，366 卷，北京：中華書局，1957 年 1 版。

124. （清）梁中孚，《道光寧國縣志》，12 卷、卷首 1 卷、卷末 1 卷，據清道光五年刊本影印，收入《中國方志叢書》，冊 694，臺北：成文出版社，民國 72 年 1 版。

125. （清）陸心源輯，《宋史翼》，40 卷，收入《續修四庫全書》，冊 311，上海：上海古籍出版社，1997 年初版。

126. （清）畢沅，《續資治通鑑》，220 卷，收入《續修四庫全書》，冊 343～346，上海：上海古籍出版社，1995 年 1 版。

127. （清）黃宗羲、全祖望，《宋元學案》，100 卷、首 1 卷，收入《續修四庫全書》，冊 518～519，上海：上海古籍出版社，1997 年 1 版。

128. （清）傅增湘輯，《宋代蜀文輯存》，100 卷，臺北：新文豐出版公司，民國 63 年初版。

129. （清）趙翼著，王樹民校證，《廿二史箚記校證》，36 卷、補遺 1 卷，北京：中華書局，1984 年 1 版。

130. （清）厲鶚，《宋詩紀事》，100 卷，總目 1 卷，收入《文淵閣四庫全書》，冊 1484～1485，臺北：臺灣商務印書館，民國 72 年初版。

131. （清）懷蔭布，《乾隆泉州府志》，76 卷、首 1 卷，據清光緒八年補刻本影印，收入《中國地方志集成》，冊 22～24，上海：上海書店，2000 年 1 版。

132. 吳廷燮，《北宋經撫年表／南宋制撫年表》，北京：中華書局，1984 年 4 月新 1 版。

133. 張啓煌、余榮謀,《開平縣志》,45 卷、卷首 1 卷、刊誤 1 卷,據民國二十二年鉛印本影印,收入《中國方志叢書》,冊 6,臺北:成文出版社,民國 55 年 10 月 1 版。

134. 曾棗莊、劉琳主編,《全宋文》,8345 卷、補 52 卷,上海:上海辭書出版社,2006 年 8 月 1 版。

135. 傅璇琮主編,《全宋詩》,3785 卷,北京:北京大學出社,1991 年 1 版。

136. 趙錫年,《趙氏族譜》,1 卷,香港:趙揚名閣石印局,民國 26 年初版。

二、一般論著

(一) 中文專書

1. 方豪,《宋史》,臺北:中國文化大學出版部,民國 89 年再版,430 頁。

2. 王德毅,《宋代災荒的救濟政策》,臺北:臺灣商務印書館,民國 59 年 5 月初版,202 頁。

3. 寺地遵著,劉靜貞、李今芸譯,《南宋初期政治史研究》,臺北:稻鄉出版社,民國 84 年 6 月,553 頁。

4. 全漢昇,《中國經濟史研究》,上、下冊,臺北:稻鄉出版社,1991 年 1 月 1 版,1015 頁。

5. 李玉昆,《泉州海外交通史略》,廈門:廈門大學出版社,1995 年 1 版,191 頁。

6. 何兆泉,《兩宋宗室研究——以度考察爲中心》,上海,上海古籍出版社,2016 年 3 月 1 版,263 頁。

7. 汪聖鐸,《兩宋財政史》,上、下冊,北京:中華書局,1995 年 7 月 1 版,885 頁。

8. 余英時,《朱熹的歷史世界》,上、下冊,臺北:允晨文化出版社,民國 92 年初版,1111 頁。

9. 余英時,《宋明理學與政治文化》,臺北:允晨文化出版社,民國 93 年初版,407 頁。

10. 柳立言編,《中國近世家族與社會學術研討會論文集》,臺北:中研院史語所,民國 87 年初版,537 頁。

11. 苗書梅,《宋代官員選任和管理制度》,開封:河南大學出版社,1996 年初版,570 頁。

12. 陳寅恪,《唐代政治史述論稿》,上海:上海古籍出版社,1997 年 1 版,155 頁。

13. 桑原騭藏著,馮攸譯,《中國阿拉伯海上交通史》,臺北:商務印書館,民國 60 年 4 月臺 1 版,301 頁。

14. 張文，《宋朝社會救濟研究》，重慶：西南師範大學出版社，2001 年 12 月 1 版，400 頁。

15. 張邦煒，《宋代皇親與政治》，成都：四川人民出版社，1993 年 12 月初版，364 頁。

16. 張其凡，《宋代政治軍事論稿》，合肥：安徽人民出版社，2009 年 5 月 1 版，440 頁。

17. 張金嶺，《宋理宗研究》，北京：人民出版社，2008 年 10 月 1 版，286 頁。

18. 鄧小南，《祖宗之法：北宋前期政治述略》，北京：三聯書店，2006 年 9 月 1 版，553 頁。

19. 鄧小南，《朗潤學史叢稿》，北京：中華書局，2010 年 6 月 1 版，531 頁。

20. 斯波義信著，莊景輝譯，《宋代商業史研究》，臺北：稻禾初版社，民國 86 年 8 月初版，529 頁。

21. 逯扶東，《西洋政治思想史》，臺北：三民書局，民國 59 年初版。

22. 程光裕主編，《中國歷史地圖》，上、下冊，臺北：中國文化大學出版部，民國 82 年 1 版，96 頁。

23. 黃寬重，《南宋史研究集》，臺北：新文豐出版公司，民國 74 年 8 月 1 版，634 頁。

24. 楊宇勛，《取民與養民：南宋的財政收支與官民互動》，臺北：國立臺灣師範大學歷史研究所，2003 年 6 月初版，722 頁。

25. 賈志揚著，趙冬梅譯，《天潢貴胄──宋代宗室史》，南京：江蘇人民出版社，2005 年 11 月 1 版，346 頁。

26. 賈志揚，《宋代科舉》，臺北：東大圖書公司，民國 84 年 6 月初版，341 頁。

27. 蔣逸雪，《宋陸君實先生秀夫年譜》，臺北：臺灣商務印書館，民國 69 年 5 月初版，34 頁。

28. 蔣復璁，《宋史新探》，臺北：正中書局，民國 64 年臺 4 版，181 頁。

29. 劉子健，《兩宋史研究彙編》，臺北：聯經出版社，民國 83 年 4 月初版，382 頁。

30. 謝和耐（Jacques Gernet）著，馬德程譯，《南宋社會生活史》，臺北：中國文化大學，民國 71 年初版，227 頁。

31. 藤田豐八著，魏重慶譯，《宋代之市舶司與市舶條例》，上海：上海商務印書館，民國 25 年初版，129 頁。

32. 龔延明，《宋登科記考》，上、下冊，南京：江蘇教育出版社，2009 年 1 版，1974 頁。

（二）學位論文

1. 高紀春，《道學與南宋中期政治——慶元黨禁探源》，保定：河北大學歷史學院，博士論文，2001 年 5 月初版。

2. 劉振志，《宋代國力之研究——功利學派國家戰略思想與宋廷國策之探討》，臺北：中國文化大學史學所，博士論文，民國 84 年 6 月初版。

3. 鄭丞良，《南宋明州先賢祠研究》，臺北：中國文化大學史學所，民國 97 年 6 月初版。

4. 李永任，《宋代趙汝愚之研究》，嘉義：嘉義大學史地學系研究所，碩士論文，民國 100 年。

5. 邱賢文，《唐代宗室諸王若干問題研究》，西安：西北大學歷史學院，碩士論文，2010 年 6 月。

6. 晏明強，《晚宋社經困局與景定公田法研究》，臺北：中國文化大學史學所，碩士論文，民國 85 年 6 月。

7. 陳正庭，《賈似道與晚宋政局研究》，臺中：中興大學歷史學研究所，碩士論文，民國 98 年 1 月。

8. 張昀，《宋代宗室任官制度研究》，武漢：華中科技大學，碩士論文，2008 年 6 月初版。

9. 溫玉玲，《宋元時期銅錢外流之研究》，臺北：中國文化大學史學所，碩士論文，民國 82 年 6 月初版，180 頁。

10. 葉偉華，《南宋四明史氏家族研究》，廣州：華南師範大學歷史文化學院，碩士論文，2007 年 6 月。

11. 楊貞莉，《北宋士大夫的城居與生活》，臺北：臺灣師範大學歷史研究所，碩士論文，民國 96 年 6 月。

12. 劉馨珺，《南宋荊湖南路的變亂之研究》，臺北：臺灣大學歷史學研究所，碩士論文，民國 81 年 7 月 1 版。

13. 黨瑞紅，《慶元黨禁與程朱理學的發展》，武漢：華中科技大學歷史研究所，碩士論文，2006 年 5 月。

（三）期刊及論文集論文

1. 王青松，〈從劉整叛宋論南宋的「打算法」及其末期的軍政危機〉，《西北大學哲學社會科學版》，2008 年 3 月第 38 號第 2 期，頁 70～72。

2. 方震華，〈轉機的錯失——南宋理宗即位與政局的紛擾〉，收入《臺大歷史學報》第 53 期，2014 年 6 月，頁 1～35。

3. 方震華，〈破冤氣與回天意——濟王爭議與南宋後期政治（1225～1275）〉，收入《新史學》27 卷 2 期，2016 年 6 月，頁 1～38。

4. 衣川強著，鄭樑生譯，〈以文臣為中心論宋代的俸給〉，《食貨月刊》，復

刊第 4 卷，5～6 期，民國 63 年，頁 202～214、頁 233～253。

5. 宋晞，〈宋代的宗學〉，收入《青山博士古稀紀念──宋代史論叢》，東京：省心書房，昭和 49 年 9 月初版，頁 161～181。

6. 宋彥陞，〈關於宋代「重文輕武說」的幾點反思〉，收錄於《臺灣師大歷史學報》第 49 期，2013 年 6 月，頁 341～368。

7. 李裕民，〈宋神宗製造的一樁大冤案──趙世居案剖析〉，收入《宋史新探》，西安：陝西師範大學出版社，1999 年 1 版，頁 30～46。

8. 汪聖鐸，〈宋朝宗室制度考略〉，《文史》第 33 輯，1990 年，頁 171～199。

9. 林天蔚，〈宋代公使庫、公使錢與公用錢間的關係〉，收入《宋史試析》，臺北：臺灣商務印書館，民國 67 年 6 月初版，頁 203～248。

10. 倪士毅，〈趙宋宗室中之士大夫〉，原載於《杭州大學學報》第 14 卷，1984 年增刊，收錄於《西溪集》，頁 27～48。

11. 夏令偉，〈論史浩的兩次拜相及其原因──史氏相權與趙氏宮廷的關係研究之一〉，收入《浙江海洋學院學報人文科學版》，第 27 卷第 1 期，2010 年 3 月，頁 40～45。

12. 夏令偉，〈史浩拜相模式的傳承與其子史彌遠的獨相──史氏相權與趙氏宮廷的關係研究之二〉，《西華大學學報哲學社會科學版》，第 29 卷第 4 期，2010 年 8 月，頁 7～10。

13. 徐秉愉，〈由苗劉之變看南宋初期的君權〉，《食貨月刊》，復刊第 16 卷，11～12 期，民國 77 年 3 月，頁 26～39。

14. 陳寅恪，〈論韓愈〉，《金明館叢稿初編》，北京：三聯書店，2001 年 1 版，頁 332。

15. 張邦煒，〈論宋代的皇權和相權〉，《四川師範大學學報社會科學版》，第 21 卷第 2 期，1994 年 4 月。

16. 梁庚堯，〈讀《名公書判清明集》論南宋商人所受官府的困擾〉，收錄於《宋旭軒教授八秩壽慶論文集》，臺北縣：宋旭軒教授八十榮壽論文集編輯委員會出版，頁 543～546。

17. 張金嶺、吳擎華，〈晚宋理學家對僭越權力的加入、疏離與抗爭──立足於晚宋時期理學家為濟王鳴冤的考察〉，《四川師範大學學報社會科學版》（成都：四川師範大學，2003 年 7 月）第 30 卷第 4 期，頁 91～99。

18. 傅海波（Herbert Franke），〈賈似道──一個邪惡的亡國丞相？〉，收入《中國歷史人物論集》，臺北：中山學術文化基金會，1973 年 4 月初版，頁 298～325。

19. 黃寬重，〈賈涉事功評述──以南宋中期淮東防務為中心〉，《漢學研究》20 卷第 2 期，2002 年 12 月，頁 165～188。

20. 雷家聖，〈南宋高宗收兵權與總領所的設置〉，收入《逢甲人文社會學報》

第 16 期，2008 年 6 月，頁 133～158。

21. 熊燕軍，〈南宋沿海制置司考〉，收入《浙江大學學報人文社會科學版》37 卷第 1 期，2007 年 1 月，頁 47～55。。

22. 劉馨珺，〈從墓誌銘談宋代地方官的赴任〉，《東吳歷史學報》第 12 期，2004 年，頁 159～196。

23. 謝康倫（Conrad M‧Schirokauer），〈朱熹的政治生涯：一項內心衝突〉，收入《中國歷史人物論集》，臺北：中山學術文化基金會，1973 年 4 月初版，頁 219～256。

（四）外文資料

1. Hugh R.Clerk, *Community, trade, and Networks*, Cambridge [England] New York: Cambridge University Press, 1991., p140.

2. 劉子健，*Yueh Fei (1103-41) and China's Heritage of Loyalty, The Association for Asian Studies* Vol.31, No.2, Ann Arbor: The Association for Asian Studies, Feb.1972, p291～297。

3. 川上總司，〈南宋の總領所について〉，收入《待兼山論叢‧史学篇》第 12 卷，1978 年，頁 1～29。

4. 竺沙雅章，《獨裁君主の登場——宋の太祖と太宗》，東京：清水書院，1984 年 11 月初版，199 頁。

5. 宮崎市定，《科舉：中国の試驗地獄》，東京：中央公論社，昭和 38 年初版，219 頁。

6. 曾我部靜雄，《宋代財政史》，東京：大安株式會社，1966 年 6 月再版，486 頁。

7. 寺地遵，〈南宋中期政治史の試み〉，收入《日本歷史學協會年報》2003 年 18 號，東京：日本歷史學協會，頁 1～13。

8. 諸戶立雄，〈宋代の對宗室策について〉，《文學》22 期，頁 623～640。

（五）網路資料

1. 史嵩之墓葬考古：http://news.sohu.com/20120427/n341806586.shtml。

2. 趙伯澐墓葬考古：https://kknews.cc/culture/ap55yj.html。

附錄：趙師嶧與臨安府

梅哲浩*

摘　要

　　自古以來，最難治的地方，並非邊境蠻荒之處，而是天子腳下的京畿。凡任職首都行政首長者，無不處在朝廷與地方兩難之地，往往得罪權貴而不得久任。

　　宋朝皇帝對士大夫的禮遇，促成士大夫以天下為己任的強烈意識，而對靖康之難感到恥辱，而與北方的金長期處在隨時備戰狀態，而促成南宋以財持國的政策；高宗駐蹕杭州，改稱臨安府，作為行在的臨安府，發行東南會子，並調控全國各地楮幣的發行，臨安的經濟、文化，無不領導著半壁江山，故臨安府發生的一切，牽一髮而動全身，知臨安府成為一個敏感的職位，並如前述所言，任職者多不安其位，往往得罪朝中權貴而去職。

　　在眾多黯然去職的知府中，趙師嶧脫穎而出。他四任臨安知府，每次任期多則一年四個月，少則六個月，權貴對他又愛又恨，又不得不倚重他的理財專長；衛道人士恥於他的阿諛權貴，卻又無法控訴他貪瀆而逐出官場；平民百姓視他為公正、善於斷案、能保障居家安危的親民官。本文即藉由各種文獻史料，來探討這位評價兩極的知臨安府。

關鍵詞：南宋、臨安府、知府、趙師嶧

---

* 中國文化大學史學研究所博士生

一、前　言

　　南宋奠都江南前，曾集朝臣而議論，最終由高宗拍板定案以杭州為行在，改稱臨安。〔註1〕自紹興二年（西元 1132）高宗從紹興府移蹕、正式定居，〔註2〕迄德祐二年（西元 1276）恭帝出降為止，南宋皆以杭州為行都，學者劉子健認為，此乃藉由杭州地理優勢，連絡江淮、湖廣，構築完善的防衛線，抵擋北方民族進逼江南，亦可藉著富庶經濟，支撐半壁山河的長期穩定，〔註3〕林正秋先生亦同此說，〔註4〕故臨安府可視為南宋財賦及物資的集散地，對四川以外的地區進行統籌支援。

　　奠都臨安後，宋廷開始興築宮室、重建中央官署，同時，為管理升格為臨時首都的杭州城，提升知臨安府的品級，以卿、或侍從官兼知，並帶浙西安撫使職，〔註5〕在任職資格上略高於知開封府。〔註6〕高宗曾一度避難海上，金人佔領臨安後大肆燒殺擄掠，城市為之殘破，直到修復後高宗才正式回蹕定居。治理該城市的重責大任，並非一件容易的工作，臨安府城內除平民百姓外，還有大量駐軍、軍眷、達官貴人及其親屬，這也造成歷任知臨安府一職，常因得罪朝中高官而去職，難以久任；〔註7〕乾道年間，戶口稍事恢復，〔註8〕治安和防災成為緊要問題，其中以火災威脅最大，每每延燒數百家，嚴重達萬戶，波及官署、太廟，其中以嘉泰四年（1204）和嘉定元年（1208）

〔註1〕　（宋）徐夢莘，《三朝北盟會編》（上海：上海古籍出版社，1987 年 10 月 1 版），卷 125，頁 2a。

〔註2〕　（宋）李心傳，《建炎以來繫年要錄》（北京：中華書局，1988 年 4 月 1 版），卷 51，紹興二年正月壬寅至丙午條，頁 895～896。以下簡稱《要錄》。

〔註3〕　劉子健，〈背海立國與半壁山河的長期穩定〉，收入《兩宋史研究彙編》（臺北：聯經出版社，1997 年 4 月初版），頁 21～40。

〔註4〕　林正秋，《南宋都城臨安》（上海：西泠印社出版，1986 年 5 月 1 版），頁 29～35。

〔註5〕　（元）馬端臨，《文獻通考》（《文淵閣四庫全書》，冊 611，臺北：臺灣商務印書館，民國 75 年 3 月初版），卷 63，頁 4a。

〔註6〕　孫逢吉記權知開封府事需少卿以上，見（宋）孫逢吉，《職官分紀》（《文淵閣四庫全書》，冊 923，臺北：臺灣商務印書館，民國 75 年 3 月初版），卷 38，頁 18a。馬端臨則記權知開封府事以待制以上充，見《文獻通考》卷 63，頁 3b。

〔註7〕　徐吉軍，《南宋都城臨安》（杭州：杭州出版社，2008 年 8 月 1 版），頁 147～179。

〔註8〕　南宋初期臨安人口的增長主要依靠外來人口遷入，見徐吉軍，《南宋都城臨安》，頁 307。

兩起最為嚴重，重建所需大量金錢、物力及資源，還得防止宵小趁火打劫，
這都必須仰賴善於統籌、規劃與施行之人，以避免傷害擴大。

高宗認為，擔任知臨安府之職的官員，軍事權和財政權，這兩種權力最
為重要，必須掌握，〔註9〕故從建炎元年至紹興十二年（1127～1142）多有屬
技術官僚或財經長才，這點可從高宗前期任命的知臨安府人選窺知一二，如
宋輝、盧知原、梁汝嘉等人。〔註10〕而趙師罪恰好符合前述種種條件：具有財
經長才、戰時或火災前後知臨安府，以及不久任。然而，趙師罪亦有不同之處，
首先，他是宗室，其次他四度擔任知臨安府，第三，他和當權者保持若即若
離的關係，前三任都是在韓侂冑當權時就職，但當韓氏垮臺，新掌權的史彌
遠有所顧忌，沒有立即撤換他的職位，最後是武學生挾私怨、造輿論，逼臺
諫彈劾趙師罪，這才去職，之後，沒有再度起復的機會。

過去研究臨安府的學者，大多以各種制度，如防火、城市規劃、人口或
禮儀，而缺乏單一人物對南宋行都的貢獻的研究，徐吉軍先生只指出知臨安
府一職多用宗室，沒有進一步解釋。本文將要探討，身為宗室的一員，趙師罪
有何特別之處？他對臨安府有什麼特別貢獻？為何世人對他的評價毀譽參
半？此乃本文關注的焦點。

二、趙師罪（1148～1217）的生平

趙師罪，字從善，宗室，燕懿王德昭後裔，家居吳郡（今浙江、江蘇一帶），
自號無著居士。〔註11〕仕途之初，補官為平江府司戶、兩浙轉運司屬官，後
中淳熙二年（1175）進士。其父趙伯驌（1124～1182）封為和州防禦使，是南
宋有名的畫家。宋高宗（1107～1187）尚在藩邸時便時常往來，中興既久，才
將伯驌召進宮，以文藝侍左右。〔註12〕

師罪舉進士後，薦授司農簿、大理丞，遷正，將作少監，兼戶部、金部郎

〔註9〕 梁偉基，《南宋高宗初年（1127～1142）財經官僚與權力結構的關係》，香港
中文大學歷史學部，碩士論文，2000年8月，頁56。

〔註10〕 梁偉基，《南宋高宗初年（1127～1142）財經官僚與權力結構的關係》，頁56
～72。

〔註11〕 （宋）陳仲文，《白獺髓》（《叢書集成新編》，冊87，臺北：新文豐出版公司，
民國74年元月初版），卷1，頁252。

〔註12〕 （元）脫脫等撰，《宋史》（北京：中華書局，1977年11月1版），卷247，
列傳6，〈趙師罪傳〉，頁8748。

中。孝宗念其為宗族，重其才能，故另眼相待，〔註13〕常奏事殿上，議論每每投合，尤以立戶部總計司一事，受孝宗讚賞。〔註14〕後因其父伯驌喪而免官守孝。〔註15〕

　　從上述兩段記載，可看出趙伯驌、趙師𥼆父子兩代和皇帝保持良好的公私關係，另一方面，趙師𥼆的才幹受孝宗賞識，這也說明他日後飛黃騰達有他的憑藉，不是一味逢迎拍馬得來。

　　他在慶元三年（1197）初次知臨安府前，曾擔任過知州、總領所、轉運判官、轉運副使，這類地方首長或財經首長，任內均以擅長理財、經濟措施得當而聞名，〔註16〕以財經官僚的形象簡在帝心。

　　趙師𥼆第一次知臨安府時，前一年正好是慶元黨禁，詔官府、州學禁道學，宗室宰相趙汝愚（1140～1196）在貶謫途中過世，韓侂胄、劉德秀、京鏜等人勢力如日中天，師𥼆以巧妙的方式賄賂韓侂胄，得到工部侍郎之職。書載：

> 韓侂胄妻早死，有四妾，皆得郡封，所謂「四夫人」也。其次又十人，亦有名位。去歲秋冬之間，有獻北珠冠四枚者，侂胄喜，以遺四夫人。其十人皆慍，曰：「等人耳，我輩不堪戴耶？」侂胄患之。師𥼆時以列卿守臨安，微聞其事，亟出十萬緡市北珠甚急。是月辛亥，侂胄入朝未歸，京尹忽遣人致饋，啟之，十珠冠也，十人者大喜，分持以去。侂胄歸，左右以告，侂胄未及有言，十人者咸來致謝，遂已。翌日都市行燈，群婢皆頂珠冠而出。又明日，語侂胄曰：「我曹夜來過朝天門，都人聚觀，真是喝采，郡王奈何不與趙大卿轉官耶？」翌日又言之，故有是命。〔註17〕

又有藉韓侂胄生日，致以重禮賀壽，令其餘賓客慚沮之舉。《宋史》載：

〔註13〕《宋史》卷247，列傳6，〈趙師𥼆傳〉，頁8748。詳細的履歷，見（宋）葉適，《葉適集》（北京：中華書局，1961年12月1版），卷24，〈兵部尚書徽猷閣學士趙公墓誌銘〉，頁474。（以下簡稱趙師𥼆墓誌銘）。

〔註14〕建議設立戶部總計司，將錢物統一會計的奏折，見曾棗莊、劉琳主編，《全宋文》（上海：上海辭書出版社，2006年8月1版），卷6412，〈乞於戶部置總計司奏〉，冊282，頁408。受孝宗讚賞，見（宋）葉適，《葉適集》卷24，〈趙師𥼆墓誌銘〉，頁474。

〔註15〕（宋）葉適，《葉適集》卷24，〈趙師𥼆墓誌銘〉，頁474。

〔註16〕（宋）葉適，《葉適集》卷24，〈趙師𥼆墓誌銘〉，474～475。

〔註17〕（宋）佚名，《續編兩朝綱目備要》（北京：中華書局，1995年7月1版），卷5，慶元四年正月丙辰條，頁84。

> 侂冑生日，百官爭貢珍異，師嵒最後至，出小合曰：「願獻少果核侑
> 觴。」啓之，乃粟金蒲萄小架，上綴大珠百餘，眾慚沮。〔註18〕

由此可知，趙師嵒頗工心計，不直接行賄，以免落人話柄，改採迂迴方式，籠絡韓侂冑愛妾，或藉韓氏生日，以祝壽的形式，名正言順贈送賀禮，令其無從推託，不得不接受這份人情。

然而，若純以賄賂的方式升官，必爲輿論所不容，倘若無規劃和才幹，亦難以勝任知臨安府一職，且《宋史》記載，趙師嵒是靠生日賀禮這件事而得尹臨安，但《續編兩朝綱目備要》記載此事發生在慶元四年（1198），《咸淳臨安志》記趙師嵒於慶元三年以司農卿兼知臨安府，〔註19〕因此當視此舉爲其向韓侂冑示好。而京畿重地，號爲難治，需有一定施政手腕，方得勝任。

三、臨安府號稱難治的原因

京畿之地，天子腳下，最爲難治，何以此說？首先，從制度面來看，南宋初期，雖京畿路仍在，但高宗四處流亡，國都未定，談不上什麼京畿制度，直到建炎三年（1129），下詔改杭州爲臨安府，守臣令帶同浙西安撫使，紹興三年（1133）更許知臨安府有奏稟事，不必隔班上殿，〔註20〕紹興八年（1138）正式奠都臨安府後，臨安府長官正稱浙西安撫使，南宋的京畿路制度逐漸形成，雖所轄僅九縣，但帶浙西安撫使兼兵馬鈐轄，職權內可調動浙西軍事力量，保衛京畿，職權上已較北宋知開封府爲高。〔註21〕

其次，是人口數和人口結構。根據《乾道臨安志》載，當時臨安府含屬縣有戶261296，口552607，〔註22〕平均一戶只有二人，實在說不通，如考量到「析戶避役」，勢必得從另外角度去估算臨安人口，這方面已有中、日、美多位學者進行研究，然所得各異，如林正秋先生按照《乾道臨安志》的記載，

〔註18〕《宋史》卷247，列傳6，〈趙師嵒傳〉，頁8749。又見《續編兩朝綱目備要》卷8，嘉泰四年六月丙申條，頁144～145。

〔註19〕（宋）潛說友，《咸淳臨安志》（《中國方志叢書》，臺北：成文出版社，民國59年3月臺1版），卷48，〈秩官六‧古今郡守表〉，頁8a。

〔註20〕（宋）李心傳，《要錄》卷67，紹興三年丙子條，頁1133：「詔臨安府守臣，有奏稟事，不許隔班上殿。用直龍圖閣知府事梁汝嘉請也。」

〔註21〕賈玉英，〈宋代京畿制度變遷論略〉，收入《河北大學學報（哲學社會科學版）》5期，2007年9月，頁24～28。

〔註22〕（宋）周淙，《乾道臨安志》（《宋元地方志叢書》，冊8，臺北：中國地志研究會，民國67年8月初版），卷2，頁8a。

認爲臨安府含屬縣總人口共 552607 人，〔註23〕徐吉軍引南宋人楊萬里所言，慶元二年（1196）時臨安府含京畿共有 672000 人，〔註24〕日本學者加藤繁認爲臨安府加京畿人口共有 150 萬人，〔註25〕美國學者趙岡用人口密度計算的方式，推定臨安府和京畿人口，共有 250 萬人。〔註26〕綜觀上述學者之研究，礙於都市人口流動性強，推斷成分較大，但其中以加藤繁所引用資料及考證最具說服力，故在此推斷，臨安府含京畿人口總數，約爲 150 萬。

第三，臨安府人口構成問題。臨安府既爲宋廷行都，城市機能約莫可和汴京相仿，若非如此，就不會有「直把杭州作汴州」〔註27〕之譏。作爲行都，人口構成大致可分爲以下幾個群體：市井小民、工匠與商人、農民、僧道、官僚及其眷屬、軍人及軍眷、皇親國戚。根據徐吉軍的統計，官僚及其眷屬人數約莫在 400000 人左右，工商從業者有 207000 人，軍士 144139 人，合軍眷則超過 30 萬人。此外，尚有流動人口，如行商、待闕官員、遊客、趕考士人，以考生和攜帶之書僮，便有 20 萬人，〔註28〕以上人數總計，約有 110 萬人。其中對城市具有較大影響者，當爲軍人和官戶。

禁軍屯駐對臨安城的影響是多方面的，除了在城市景觀、商業貿易、社會文化等方面之外，〔註29〕影響最大的仍在治安方面。由於宋朝重文輕武，又有在天災時招流民、召安盜匪爲兵的政策，〔註30〕因此軍紀實在不好，如「軍兵等帶領無圖百姓挾持兵勢，採打魚蚌、蓮荷、菱草，踐踏苗稻及拆去

〔註23〕 林正秋，《南宋都城臨安》，頁 181。

〔註24〕 徐吉軍，《南宋都城臨安》，頁 310。

〔註25〕 （日）加藤繁著，吳杰譯，《中國經濟史考證》（北京：商務印書館，1959 年 9 月初版），冊 2，頁 327～330。

〔註26〕 （美）趙岡，〈南宋臨安人口〉，收入《中國歷史地理論叢》2 期，1994 年，頁 126。

〔註27〕 （明）田汝成，《西湖遊覽志餘》（臺北：世界書局，民國 52 年 5 月初版），卷 2，〈帝王都會〉，頁 14。

〔註28〕 徐吉軍，《南宋都城臨安》，頁 315～321。

〔註29〕 （日）高橋弘臣，〈南宋臨安における禁軍の駐屯とその影響〉，《愛媛大学法文学部論集・人文学科編》27 卷，2009 年，頁 75～107。

〔註30〕 （宋）周密，《武林舊事》（上海：古典文學出版社，1956 年 11 月 1 版），卷 6，〈游手〉，頁 444～445：「以至頑徒如攔街虎、九條龍之徒，尤爲市井之害。故尹京政先彈壓，必得精悍鉤距、長于才術者乃可。都轄一房，有都轄使臣總轄供申院長，以至廂巡地分頭項火下凡數千人，專以緝捕爲職。其間雄駔有聲音，往往皆出群盜。」

笆籬，斫伐墓園桑竹等」、〔註31〕「妄有扚拽舟船，開發篋笥及因而攘奪物色」，〔註32〕不過，也不能全說軍人對城市治安盡是負面影響，如城內發生火災，知臨安府乃至宰執可召軍隊入城協助滅火，〔註33〕但若軍兵趁火打劫，也會成為嚴重問題。宋高宗為此下詔曰：

> 今後火發去處，委官及臨安府當職官監轄軍民，約度火勢遠近拆截，不得乘時作過。其救火之兵，並不得帶刀劍軍器出寨，因而邀奪物色。又乘火之際，於相去遠處尋求有力之家，用鐵猫鈎索於屋上鈎定，商量乞覓錢物，稍不滿意，即便拆拽。〔註34〕

臨安府火災頻傳，如召入救火的軍兵加入趁火打劫的行列，勢必造成更大的混亂，故宋高宗特別下詔，表達重視之意。

對軍兵管理方式為，除嚴格限制士兵行動外，〔註35〕楊萬里建議將士兵和軍眷集中在城外軍營中，理由雖是盜賊發於城外，故應設軍營並移軍兵於城外，〔註36〕實則應也有不使其擾民的含意。

再者為官戶，此為廣義說法，包含官員及其眷屬、皇親國戚、宦官之家，可認為是臨安府中影響力最龐大的團體，知府往往不敢得罪。如紹興二十六年（1156）臨安府大火，知臨安府韓仲通明知火是由王家起，但「王之妻弟馬舜詔方為御史，畏不敢問」，竟抓監行在惠民和劑局周必大和他的鄰居五十多人前去審問。〔註37〕臨安府尹替換率之高，任期最短者不過一日，任滿三年

〔註31〕 （清）徐松輯，劉琳、刁忠民、舒大剛等點校《宋會要輯稿》（上海：上海古籍出版社，2014年6月1版），刑法2之106，〈禁約二〉，冊14，頁8340。以下簡稱《宋會要》。

〔註32〕 《宋會要》刑法2之111，〈禁約二〉，冊14，頁8342。

〔註33〕 萬靄雲，〈宋代的消防體系與文化〉，中國文化大學史學研究所，博士論文，民國95年，頁128～130。

〔註34〕 《宋會要》，刑法2之110，〈禁約二〉，冊14，頁8342。同文見《全宋文》卷4479，〈誡約火發去處不得乘時作過詔〉，冊202，頁276。

〔註35〕 （宋）周密，《齊東野語》（北京：中華書局，1983年11月1版），卷8，〈張魏公二事〉，頁133：「高宗視師金陵，張魏公為守，楊和王領殿前司。有卒夜出，與兵馬都監喧競，卒訴之，公判云：『都監夜巡，職也，禁兵酉點後不許出營，法也，牒宿衛司照條行。』楊不得已斬之。」

〔註36〕 （宋）楊萬里，《誠齋集》（臺北：臺灣商務印書館，民國75年3月初版），卷69，〈甲辰以尚左郎官召還上殿第一劄子〉，8b～10a，《文淵閣四庫全書》，冊1160，頁664～665。

〔註37〕 （明）田汝成輯撰，《西湖遊覽志餘》（臺北：世界書局，民國52年5月初版），卷25，〈巷委叢談〉，頁443，明末將此事編為小說，見（明）周清原，《西湖

者僅有五人，正因容易得罪權貴，所以京尹難爲。〔註38〕

第四，士民對知府的評價，散見方志、筆記小說字裡行間，如莊綽記宋高宗紹興末，時人對臨安知府宋煇的評價，雖寥寥數行，卻寫得極盡刻薄怨毒，以「油澆石佛」、「烏賊魚」、「活畜生」、「送火軍」稱之，譏諷其愚鈍、施政荒謬殘酷。〔註39〕

第五，臨安府爲東南會子發行處，紹興三十一年（1161）設行在會子務，目的在應付金海陵王南侵的軍事開支，〔註40〕成爲爲籌措邊防軍費而設立之四總領所之外，第五個發行官方紙幣的區域。東南會子經由商旅之手，曾在短期內成爲全國性貨幣，〔註41〕重要之處在支付政府官員、軍隊薪俸時，採取錢會中半制，但此制度因銅錢嚴重短缺，及戰費膨脹等因素，至南宋中期以後越難以維持，故會子逐漸成爲主要支付貨幣，〔註42〕因此東南會子在臨安府的價值升降，影響層面極爲廣大。

以上五點，均爲臨安知府必須掌握、拿捏平衡的要素，從臨安城境擴大爲京畿都會，浙西路安撫使的軍事指揮，城區和郊區密集人口，人口過於集中衍伸出的市政問題如糧食、水源、衛生、交通、治安、消防、社會福利等，還要承受來自朝廷的種種差使，除維持朝廷的信任，還得受到轄境士民的施政檢測，兩者各有其標準，如何取捨，是任職該位者的重大考驗，以下就軍事、治安、消防、理財與朝廷信任五點來看趙師𥊏對臨安府的貢獻。

四、趙師𥊏對臨安府的貢獻

趙師𥊏初尹臨安府，史書解釋爲「韓侂胄用事，師𥊏附之，遂得尹京」，當指其於韓侂胄生日時贈以重禮之事，〔註43〕但末又稱其「四尹臨安，有能

二集》（上海：上海古籍出版社，2001年），卷24，〈認回祿東嶽帝種龍鬚〉，頁989～990。

〔註38〕 徐吉軍，《南宋都城臨安》，頁148～149。

〔註39〕 （宋）莊綽，《雞肋編》（北京：中華書局，1983年3月1版），卷中，〈宋煇謬政士民詆惡〉，頁54～55。

〔註40〕 （元）脫脫等撰，《宋史》，卷32，本紀32，〈高宗九〉，頁599。

〔註41〕 唯一的例外是四川，南宋朝廷對四川總領所的財政困難幾乎是不聞不問，任其自理。總領所和會子關係研究，見雷家聖〈總領所與南宋紙幣的發行與管理〉，《中國史研究》82輯，2013年，頁55。

〔註42〕 （日）高橋弘臣著，林松濤譯，《宋金元貨幣史研究——元朝貨幣政策之形成過程》（上海：上海古籍出版社，2010年4月1版），頁192～200。

〔註43〕 《宋史》卷247，列傳6，〈趙師𥊏傳〉，頁8749。

聲」，〔註44〕肯定其才幹。而趙師𥌓四知臨安府，皆未當滿任期，其中又有諸多因素，使其離職，似又不符對他諂事韓侂冑的評價。下將趙師𥌓知臨安府的時間、任期和離職原因製成表格：

趙師𥌓四尹臨安府表

任職次數	就任時間	離任時間	任期	離職原因
初任	慶元三年(1197) 7月23日	慶元四年（1198） 11月22日。	一年四個月	齊國夫人病。
二任	嘉泰四年(1204) 9月24日	開禧元年（1205） 8月19日	近一年	不贊成韓侂冑與金朝開戰。
三任（開禧北伐期間）	開禧二年(1206) 6月18日	開禧二年 （1206） 12月2日。	未滿六個月	因述邊事，悲憤感激，行於涕泣，觸怒韓侂冑。
四任	嘉定二年(1209) 11月26日。	嘉定三年（1210） 12月12日。	一年又半月餘	武學生鄭斗挾怨造假輿論，逼御史臺彈劾而罷，致仕。

上表任職、離任和任期，資料來自吳廷燮《南宋制撫年表》和《咸淳臨安志》，〔註45〕離職原因來自葉適所撰〈趙師𥌓墓誌銘〉〔註46〕和周密《齊東野語》、〔註47〕葉紹翁《四朝聞見錄》，〔註48〕由此可知他的任期最長不過一年四個月，最短不超過六個月，前後共約三年十個月，可謂比上不足，比下有餘。但他能在知臨安府四起四落，必有過人之處，令當權者不得不倚賴。韓侂冑仰賴他的專長，最後卻絕交的原因，據〈趙師𥌓墓誌銘〉載：

> 韓侂冑將北伐，密謀累歲，有聞不敢問，問或不敢答。公還自廣陵，建預防素備八事，且言「今日當以蔡謨之憂為憂」。韓侂冑殊不快，言無見從者。一日，侍從官集侂冑所，公固守前議，聲色俱屬，侂冑大駭，故雖以兩難倚公，而不能留也。明年，皇甫斌敗，郭倬、李爽潰退，江、淮處處戒嚴。公由紹興府、廬州，再為工部尚書，

〔註44〕 《宋史》卷247，列傳6，〈趙師𥌓傳〉，頁8749。

〔註45〕 （清）吳廷燮著，《南宋制撫年表》（北京：中華書局，1984年4月新1版），卷上，〈兩浙西路〉，頁411～413。《咸淳臨安志》卷48，頁8a～8b、頁9b～10a、頁10b、頁11b。

〔註46〕 （宋）葉適，《葉適集》卷24，〈趙師𥌓墓誌銘〉，頁475～477。

〔註47〕 （宋）周密，《齊東野語》卷3，〈誅韓本末〉，頁51。

〔註48〕 （宋）葉紹翁，《四朝聞見錄》（北京：中華書局1989年2月1版），戊集，〈犬吠村莊〉，頁195。

> 知臨安府，募京畿將兵三千人，衣裝等仗皆如大軍，蔽浙江而營，
> 以壯軍容。對人說邊事，悲憤感激，形於涕泣。侂冑愈怨，讒者謂
> 其崇飾小信，大聲疾呼，自是與公絕矣。〔註49〕

這段墓志詳細敘述了趙師𥛁與韓侂冑從合作到決裂的經過，所謂兩難，當指兵、財兩事。文中所指蔡謨（281～356）為東晉時候人，反對庾亮北伐，所持理由即是認為國力不足及陸戰難以取勝。果不其然，開禧北伐，先是皇甫斌敗於唐州（治在今河南唐河縣），郭倬、李汝翼敗於宿州（治在今安徽宿州），〔註50〕吳曦在四川和金人暗通款曲，受金朝冊封，叛宋稱蜀王，〔註51〕北伐之勢已敗。北宋末年三衙崩壞，建炎時瓦解，地方軍勢力抬頭，紹興十一年（1141）朝廷成功解除三大將兵權，將其原本所轄部隊改編為隸屬御前的屯駐大軍，其次重建三衙，建立起以皇帝的安全、國都的警衛以及政權的穩定為重心，以寇患、軍亂及地方軍事勢力為假想敵，地緣上以淮東、淮西為前緣地帶，從左、右兩翼拱衛浙西地區，構成的一種防禦體制。〔註52〕臨安府駐紮禁軍隸屬三衙，人數不如北宋首都汴京，〔註53〕乾道元年（1165），規定御前兵馬以七萬三千人為額。〔註54〕為維持臨安府境內治安和防火，禁軍受臨安知府兼浙西安撫使指揮；每遇戰事，即從三衙抽調大軍至邊境，〔註55〕故臨安府駐紮禁軍人數時常不足，趙師𥛁緊急招募三千人或許是杯水車薪，象徵意義濃厚，但以防禦京畿的作法，確實能夠安定人心。

再說財的部分，趙師𥛁第二次就任知臨安府（嘉泰四年九月上任）前，臨安曾發生大火，火勢將樞密院、尚書省等衙門付之一炬，還一度延燒至皇城和寧門。《續編兩朝綱目備要》有詳盡記載：

> （嘉泰四年三月）其夜二更後，行在糧料院後八條巷內、右丞相府

〔註49〕（宋）葉適，《葉適集》卷24，〈趙師𥛁墓誌銘〉，頁476。

〔註50〕（宋）佚名，《續編兩朝綱目備要》卷9，開禧二年五月癸巳條，頁164。

〔註51〕吳曦和金人暗通款曲經過，周密《齊東野語》中有簡述其經過，見該書〈誅韓本末〉，頁46～47。詳細過程則見於（元）脫脫等撰，《金史》（北京：中華書局，1975年7月1版），卷98，列傳36，〈完顏綱傳〉，頁2179。

〔註52〕梁偉基，〈宋高宗時期三衙的重建與發展〉，《中國文化研究所學報》2009年49期，頁333～362。

〔註53〕徐吉軍，《南宋都城臨安》，頁321。

〔註54〕《宋史》卷187，志140，〈兵志一〉，頁4582。

〔註55〕（日）高橋弘臣，〈南宋臨安の三衙〉，《愛媛大學法文學部論集・人文學科編》26卷，2009年，頁75～81。

大程官劉慶家遺火，自太廟南牆外通衢延燒糧料院及右丞相府、尚書省、樞密院、制敕院、檢正房、左右司諫院、尚書六部，惟存門下後省及工部侍郎廳。次燒萬松嶺、清平山、仁王寺、石佛庵、樞密院親兵營、修內司，延燒至學士院、內酒庫及內中宮門廊屋。殿步司諸軍官兵連夜救撲，火勢未已。有旨宣殿步司諸軍分撥入內，併力救撲，諸班直禁衛等守內，百司、百官守局。時宰臣、執政、太師韓侂冑皆在太廟指揮，步帥李郁用心竭力救撲，不得燒至太廟，侂冑以重賞許諸軍。夜，漏下三鼓，遂撤去，太廟廊屋、祖宗神主、冊、寶、法物皆移寓壽慈宮，仍開候潮門，宣入殿步司、城外軍兵救撲。是夕，百官之家皆往都亭驛避火，火及和寧門外，焚祆子門，戊辰旦，和寧門螭吻上火忽起，殿前司中軍第二將、搭（村）材隊白身效用張隆用飛梯登門，騰上屋脊，持短斧擊螭吻，碎之，煙遂熄。詔以隆爲承信郎、殿前司準備將，賜金十兩，紡絲二疋，侂冑又賜隆金七兩。時火西至（二）三茅觀大門，南至御街，北至太廟巷，上及七寶山一帶，所焚居民甚眾，至未刻乃滅。〔註56〕

這次火災災情嚴重，宋寧宗甚至下詔罪己。災後知府趙師嶧迅速調查，確認起火原因是右丞相府大程官劉慶之女遺火，鄰人張三、潘乙不即救護所致。〔註57〕且自嘉泰四年（1204）七月起發生乾旱，朝廷不斷蠲免各地身丁錢，至開禧二年（1206）江浙、福建、二廣諸州旱災，〔註58〕一系列大規模賑濟，對韓侂冑的北伐軍費籌措，應打擊不小，故需尋求能協助其理財之人，而葉適已先表達拒絕合作之意，〔註59〕因此韓侂冑唯有倚賴趙師嶧，從兵、財兩方面規劃、執行。開禧北伐兵敗，卻是令趙師嶧等人的努力化爲泡影，無疑將南宋國勢朝衰敗的陡坡推了一把。

張其凡先生從政治及軍事的角度認爲，嘉定元年（1208）是南宋治亂的分水嶺，〔註60〕但若由經濟角度來看，根據汪聖鐸《兩宋貨幣史》研究，寧

〔註56〕 （宋）佚名，《續編兩朝綱目備要》卷8，嘉泰四年三月丁卯條，頁141～142。

〔註57〕 （宋）佚名，《續編兩朝綱目備要》卷8，嘉泰四年三月丁卯條，頁143。

〔註58〕 嘉泰四年七月至開禧二年五月開戰前，共發生六次天象異常或重大天災，需要朝廷賑濟，見《續編兩朝綱目備要》卷8至卷9，嘉泰四年秋七月條至開禧二年五月辛巳條，頁145～162。

〔註59〕 《宋史》卷434，列傳193，〈葉適傳〉，頁12892～12893。

〔註60〕 張其凡，〈論宋代政治史的分期〉，《中華文史叢刊》第51輯（1993年8月出版），頁8～14。

宗慶元元年（1195）會子對銅錢的比價是 1 貫比 620 文，且離臨安越遠比值越低，〔註61〕再依據高橋弘臣〈南宋臨安と東南会子〉之研究，我們可以得知東南會子的重要性，從發放官吏軍兵薪餉、賞賜、和糴、賑濟百姓等支出，南宋朝廷已經萬事皆離不開會子，且離臨安越遠，會子的價值越低，這是因為臨安府境內可以用朝廷威信、法令強化其信用。〔註62〕又民以食為本，倘若用同面額的會子買到的糧食越來越少，勢必會在臨安產生恐慌，尤其在開禧北伐大敗後，針對各地難民的賑濟和死傷將士的撫卹，如何用貶值的會子和糴成為兩難，第四次擔任知臨安府的趙師𥌓便是在此情況下接手戰敗後的殘局。

戰敗衝擊到財政，主要顯現在會子的貶值上。開禧北伐期間，會子已貶值嚴重，為應付戰費和戰後撫卹大量印製會子的結果造成楮幣惡性膨脹，〔註63〕價值僅剩面額一半，〔註64〕官方採取強硬措施，除出封樁庫金、乳香、官誥、度牒、官田給臨安府，作為回收舊會的添支補助，禁止銅錢出都城，還以新會對舊會 1 比 2 的方式回收舊會，〔註65〕為避免出現更大的混亂，而用趙師𥌓知臨安府，但他對該楮幣政策顯然有所微詞。書云：

> 陛下始緣都城楮賤米貴，牽挽用臣。今雖楮稍重而賤之源猶在，糴
> 漸平而貴之根自若，懼終不足寄委。〔註66〕

他所言「賤之源」，指缺乏銅錢，以及數量足夠鑄造大面額貨幣的金銀。〔註67〕故出內帑金、賣官誥、度牒、官田等預支未來稅收，和大量印製楮幣、以鈔易鈔的提稱法，〔註68〕作為應急手段。儘管趙師𥌓表達對此政策的不滿，他

〔註61〕 汪聖鐸，《兩宋貨幣史》（北京：社會科學文獻出版社，2003 年 9 月 1 版），頁695～696。

〔註62〕 （日）高橋弘臣，〈南宋臨安と東南会子〉，《愛媛大学法文学部論集・人文学科編》31 卷，2011 年，頁 37～45。

〔註63〕 （宋）李心傳，《建炎以來朝野雜記》（北京：中華書局，2000 年 7 月 1 版），乙集卷 16，〈東南收兌會子〉，頁 787。

〔註64〕 汪聖鐸，《兩宋貨幣史》，頁 696。

〔註65〕 《宋史》卷 181，志 134，〈食貨下三〉，頁 4408。

〔註66〕 （宋）葉適，《葉適集》卷 24，〈趙師𥌓墓誌銘〉，頁 476。

〔註67〕 包偉民，〈試論宋代紙幣的性質及其歷史地位〉（北京：商務印書館，2009 年 3 月 1 版），收入氏著《傳統國家與社會（960～1279 年）》，頁 71～72。

〔註68〕 （宋）佚名，《續編兩朝綱目備要》卷 11，嘉定二年五月甲寅條，頁 207。又見《宋史》卷 181，志 134，〈食貨下三〉，頁 4408。

仍在知臨安府的位置上協助穩定都城物價，〔註 69〕直到武學生挾私怨造謠而
罷官致仕。

四、評價兩極

趙師𢍰以善於理財聞名，〔註 70〕人又善於鑽營權貴，在士大夫間聲名狼
籍，尤以蔡幼學（1154～1217）對他的評價最爲深刻，並拒絕撰寫嘉定二年
（1209）不允其力辭知臨安府的草詔。書云：

> 師𢍰以媚權臣進官，三尹京兆，狼籍無善狀，詔必出褒語，臣何辭
> 以草？〔註71〕

根據《宋史・趙師𢍰傳》，這已經是蔡幼學第二次與他爲難。第一次朝廷命他
制置荊湖，蔡幼學繳其命，第二次不草詔，改由留元剛草詔。

蔡幼學字行之，溫州瑞安（今浙江瑞安）人，《宋元學案》將其歸爲止齋
（陳傅良）門人，〔註72〕對趙師𢍰無好感，或與其利用自身財力優勢鑽營權貴、
唆使地方父老製造有利輿論有關。《白獺髓》中有這段記載：

> 會稽郡治有賢牧堂，謂范文正公，趙清獻公、翟忠惠公、朱忠靖公、
> 趙忠簡公、史越王、張毗陵守像，民祠之。趙從善嘗帥浙東，日使
> 門吏諭者宿經倉憲兩司陳乞，以州治賢牧堂增從善像。兩司一時奉
> 承，從請。既成，有郡士朱萬年題詩于堂曰：師𢍰使眾作祠堂，要

〔註69〕趙師𢍰的平穩物價的手段和成效欠缺直接史料，只能用間接的方式來證明。他
的前任徐邦憲無法過止會子貶值的情況，使得糧價高漲，因而罷職，見《續
編兩朝綱目備要》卷11，嘉定二年十一月丙辰條，頁209：「丙辰，徐邦憲罷。
免知臨安府。是冬，京尹始復用（十）【士】人徐邦憲。時都城米價踴貴，楮
幣不通，乞丐之人有群攫餅餌于傳法寺前者。陳侍御晦等全臺上章，論守臣
區處無策，邦憲亞丐免，章四上，詔免兼知臨安府，而命趙師𢍰以兵部尚書代
之，蓋（邦）憲尹京亦纔五十四日也。」《宋史》卷181，志134，〈食貨下三〉，
頁4408：「泉州守臣宋均、南劍州守臣趙崇𡋝、陳宓，皆以稱提失職，責降有
差。」嘉定時期會子貶值一半，端平則貶值四倍，見包偉民〈試論宋代紙幣
的性質及其歷史地位〉，頁66～67。錢會中半制的鬆弛、崩潰之狀況，從端平
年間正式增加收入中會子的比例，目的在維持會子的信用，然而會子價值仍
不斷下跌，見（日）高橋弘臣著，林松濤譯，《宋金元貨幣史研究──元朝貨
幣政策之形成過程》，頁200～207。

〔註70〕觀其墓誌銘，多擔任與財政有關的職務，見《葉適集》卷24，〈趙師𢍰墓誌銘〉，
頁475～476。

〔註71〕《宋史》卷434，列傳193，〈蔡幼學傳〉，頁12898。

〔註72〕陳叔亮、李心莊重編，《重編宋元學案》（臺北：國立編譯館，民國76年5月
初版），卷48，〈止齋學案〉，冊3，頁581～582。

學朱張與鄭王。大家飛上梧桐樹，自有旁人說短長。〔註73〕
觀蔡氏事蹟，與趙師𧏛對照，前者所學重典故舊章，後者重實績，故與葉適(1150
～1123)相善。而趙氏也非不重名譽之人，若說其任紹興知府兼浙東安撫使時，
唆使地方耆宿在賢牧堂立己像為沽名釣譽，在擔任淮西總領期間大可有機會
收買游士之心，但結果是「游士乞索不厭，毀短公，復罷，提舉雲臺觀」，〔註
74〕顯然他對游士並無好感，也沒有滿足他們貪欲的意願；約在同時，出現針
對唆使地方耆老吹捧地方長官的禁令，目的在避免地方豪強藉此要脅長官聽
命；〔註75〕倘若從實際的角度推斷，趙師𧏛此舉或可視為輿論戰，抑或是反對
派對他的污衊，尤以臨安三學（太學、武學、宗學）學生以學生運動的方式
參與政治，謀求未來的從政資本，常以伏闕、上疏和當權者對抗，亦不乏挾
怨報復的心態，而處理這類運動的主管機關多為臨安府，故知府最容易和學
生團體發生直接衝突，慶元以後越發激烈，嘉定初的學生運動，導致兩任知
府連續罷職，趙師𧏛即是其中之一，因此案件，制定日後臨安府處理學生運動
的處理方式，即不再由府執行懲處，轉由國子監，按學規處理。〔註76〕觀其
在最後一任知臨安府，對武學生施以刑罰，而遭其造謠、去職，此可歸類於
挾私怨報復類別。葉紹翁對此事件評述：

> 韓侂冑嘗會從官于南園，京尹趙師𧏛預焉。師𧏛因撻右庠士，二學諸
> 生羣起伏闕，詣光範訴師𧏛。時史相當國，不欲輕易京尹，施行稍
> 緩。諸生鄭斗祥輩遂撰為師𧏛嘗學犬吠于南園之村莊，又舞齋郎以
> 悅侂冑之四夫人，以是為詩，以擠師𧏛于臺諫。雖師𧏛固附韓者也，
> 亦豈至是？〔註77〕

葉紹翁所評尚為中肯，同書所記〈西湖放生池記〉，輿論把高文虎之忿牽連至
趙師𧏛，〔註78〕而趙氏撻右庠士一案，經御史臺調查，乃是司理參軍趙師夔縱

〔註73〕（宋）陳仲文，《白獺髓》卷1，《叢書集成新編》，冊87，頁252。
〔註74〕（宋）葉適，《葉適集》卷24，〈趙師𧏛墓誌銘〉，頁475。
〔註75〕中國社會科學院歷史研究所宋遼金元史研究室點校，《名公書判清明集》（北京：中華書局，1987年1月1版），卷1，〈禁戢部民舉揚知縣德政〉，頁37～38。
〔註76〕汪聖鐸，〈南宋學生參政析論〉（北京：人民出版社，2007年12月1版），收入《宋代社會生活研究》，頁381～401。
〔註77〕（宋）葉紹翁，《四朝聞見錄》戊集，〈犬吠村莊〉，頁195。
〔註78〕（宋）葉紹翁，《四朝聞見錄》戊集，〈西湖放生池記〉，頁193。

吏違法，牽連知府，〔註79〕算是還他遲來的公道。

如按士大夫之輿論，趙氏顯然毫無善狀可言，唯民間流傳軼事，或可稍
為其平反，如《宋史‧趙師𥳑傳》對其補妖僧之事，僅數字草草帶過，《續編
兩朝綱目備要》稍詳盡。據載：

> 先是，江州僧道隆者，自言能知人休咎，往往或中，豪民貴戚競施
> 之，號「風和尚」。道隆飲酒食肉，多蓄美婦，俗又以「散聖」目之，
> 慶元中往來都下。有倡婦馬換師，壽康宮幕士詹恩妻也，號「馬部
> 頭」，既入壽康宮，以病歸外舍，道隆因之，使求賜金于北內，以為
> 建塔費。陳淑妃亦使其母往拜之。安康郡主適羅氏者館諸其家，予
> 金錢以萬計。府尹趙師𥳑聞之，執以屬吏，錄其橐，得金錢三萬緡
> 有奇。獄成，有旨：「杖黥，隸英德府土牢收管，仍以獄詞徧示諸路。」
> 是歲四月壬申也。〔註80〕

如上述之臨安府僧紀敗壞案，並非個案，這些僧侶除敗壞風化，還多與朝中
權貴往來。除此，趙師𥳑經手之案尚有數件。今引《談藪》所記：

> 韓王府中忽失銀器皿數事，掌器婢叫呼為賊傷手，趙從善尹京，命
> 總轄往府中測視。良久執一親僕，訊之立伏。歸白趙云：「適視婢瘡
> 口在左手，蓋與僕有私，竊器與之，以刀自傷，偽稱有賊。而此僕
> 意思有異于眾，以是得之。」〔註81〕

掌器婢女和僕役勾結，監守自盜，自殘偽稱被盜，趙師𥳑遣總轄前往韓王府中
提訊嫌犯，藉由觀察、推斷，捉得犯人，由此可知總轄經驗豐富，趙師𥳑知人
善任。無怪葉適在其墓誌銘中讚曰：

> 十餘年中，四知臨安府廋情匿姦，懸見立剖，猝需宂求，趣具曲應，
> 巷夫街叟，夸讚相續，皆曰：「長安門戶百萬，皆若趙尚書親履其家。
> 我曹情偽如山海，非趙尹豈能徧識。」至今其論猶然。〔註82〕

葉適所撰，非無的放矢，而宋時民間傳說，亦對趙師𥳑充滿善意。沈俶編撰《諧
史》云：

> 京城闤闠之區，竊盜極多，蹤跡詭秘，未易根緝。趙師𥳑尚書，尹

〔註79〕《續編兩朝綱目備要》卷12，嘉定三年十二月丙寅條，頁222～225。
〔註80〕《續編兩朝綱目備要》卷5，慶元四年夏五月己亥條，頁85～86。
〔註81〕（宋）龐元英，《談藪》（《叢書集成新編》，冊86，臺北：新文豐出版公司，
　　　　民國74年1月初版），頁423。
〔註82〕（宋）葉適，《葉適集》卷24，〈趙師𥳑墓誌銘〉，頁476。

臨安日，有賊每於人家作竊，必以粉書「我來也」三字於門壁，雖緝捕甚嚴，久而不獲。「我來也」之名，傳京邑。不曰捉賊，但云捉「我來也」。一日，所屬解一賊至，謂此即「我來也」。亟送獄鞫勘，乃略不承服，且無贓物可證，未能竟此獄。其人在禁，忽密謂守卒曰：「我固常為賊，卻不是『我來也』，今亦自知無脫理，但乞好好相看。我有白金若干，藏於寶叔塔上某層某處，可往取之。」卒思塔上乃人跡往來之沖，意其相侮。賊曰：「勿疑，但往，此方作少緣事，點塔燈一夕，盤旋經夜，便可得矣。」卒從其計得金，大喜。次早入獄，密以酒肉與賊。越數日，又謂卒曰：「我有器物一瓮，置侍郎橋某處水內，可復取之。」卒曰：「彼處人鬧，何以取？」賊曰：「令汝家人以籮貯衣裳，橋下洗濯，潛掇瓮入籮，覆以衣，舁歸可也。」卒從其言，所得愈豐。次日，復勞以酒食。卒雖甚喜，而莫知賊意。一夜至二更，賊低語謂卒曰：「我欲略出，四更盡即來，決不累汝。」卒曰：「不可！」賊曰：「我固不累汝，設或我不復來，汝失囚必至配罪，而我所遺，盡可為生。苟不見從，卻恐悔吝有甚於此？」卒無奈，遂縱之去。卒坐以伺，正憂惱間，聞檐瓦聲，已躍而下，卒嘉，復桎梏之。甫旦，啟獄戶，聞某門張府有詞云：「昨夜三更，被盜失物，其賊於府上寫『我來也』三字。」師睪撫案曰：「幾誤斷此獄，宜乎其不承認也。止以不合犯夜，從杖而出諸境。」獄卒回，妻曰：「半夜後聞叩門，恐是汝歸，亟起開門，但見一人以二布囊擲戶內而去，遂藏之。」卒取視，則皆黃白器也。乃悟張府所盜之物。又以賂卒，賊竟逃命。雖以趙尹之明特，而莫測其奸，可謂黠矣。卒乃以疾辭役，享從容之樂終身。沒後，子不能守，悉蕩焉。始與人言。〔註83〕

以包拯的精明，尚且曾被吏所欺，〔註84〕民間傳說藉由「我來也」的狡詐，搭配吏的貪瀆，對趙師睪表達同情之意，從而得知平民與士大夫階級，對於趙氏有著不一樣之評價，偏向於讚賞和信服。

〔註83〕 （宋）沈俶，《諧史》（《叢書集成新編》，冊87，臺北：新文豐出版公司，民國74年元月初版），卷1，頁163。

〔註84〕 （宋）沈括，《夢溪筆談》（北京：中華書局，2009年10月1版），卷22，〈包孝肅為吏所賣〉，頁249。

五、結　論

　　宋代筆記小說補足了許多正史沒有提及的細節，使歷史人物的形象更加鮮明。從趙師鼬自稱「無著居士」開始，我們得窺知他是實績重於學術的幹才型人物，從正史、墓誌銘表現的形象，則是會施展一點點權術、善於理財、能守住底線，又公正廉潔的士大夫，宋人筆記對他的評價，也是讚賞多於惡評，明人輯自宋代流傳下來的街談巷語，或民間傳說，也都對趙師鼬抱持善意，認為他是一名愛民、機智、善斷案的知府。

　　從慶元到嘉定，恰好是南宋由治到亂的關鍵期，是非善惡均難以一言論之。天子腳下，駐蹕行在之處，可視為彙集最多見多識廣之人，下從平民百姓，上至達官貴人，每個階級的價值觀不盡相同，趙師鼬就是這樣一個在不同階級間評價相異，令衛道者咬牙切齒，卻只能攻擊他阿諛權貴，無法控告他貪瀆；另一方面，趙師鼬雖然靠著賄賂權貴的方式升官，卻也是符合當時的政治文化，且他始終在地方職務徘徊，不去染指中央具有名望的官位。就是這麼一個評價兩極、官運亨通、韓侂胄和史彌遠都需要他、平民百姓敬愛的趙師鼬，無怪能四任臨安知府，也為這充滿政治、禮儀風格的都市增添趣味性。